AF198683

Kary Nowak
EVA IST UNSCHULDIG
… und Adam auch

**Wahre Wunder durch
Straffreiheit und Verzeihen.**

**Geschichten zum Lachen,
Staunen und Lernen.**

Herzmagie – Band 1

„Vielleicht sollten wir es jetzt mit der Liebe versuchen, weil die Angst die letzten 10.000 Jahre wohl keinen Erfolg gebracht hat."

Gerald Hüther

In Liebe widme ich dieses Buch
meiner ewigen Traumfrau Edeltraud, die
unseren Kindern einen sicheren Hafen gegeben
hat und mit mir seit Jahrzehnten vertrauensvoll
durch dick und dünn geht.

Danke! Danke! Danke!

Tausendmal Danke meiner resoluten, liebevollen Oma, die mich schon als Knirps voll respektierte und in mir die Liebe zur Sprache weckte. Tausendmal Danke meinem hochbegabten Vater, der mich schon als Vierjährigen dazu ermutigte, vor vielen Menschen zu sprechen und mich mit seiner Liebe zu den Geschöpfen des Waldes, der Wiesen und Bäche ansteckte. Tausendmal Danke meiner verantwortungsbewussten Mutter, die mir Zuverlässigkeit und Disziplin vorlebte und immer für mich da war.

Tausendmal Danke meiner geliebten Edeltraud, unseren drei erwachsenen Kindern Dominik, Felix und Sonja, sowie allen meinen Freunden, Mentoren, Kunden und Sponsoren, die es mir immer wieder ermöglichten, ein selbstbestimmtes Leben zum Wohle des Ganzen zu führen.

Vielen, herzlichen Dank den Autoren und Autorinnen der im Literaturverzeichnis genannten Bücher, die mich zu meinen Geschichten und Botschaften inspiriert haben. Nicht zuletzt auch noch vielen, herzlichen Dank an Margeaux, die mich nach 10 Jahren Schreibpause zum Verfassen dieses Buches ermutigt hat und auch an das großartige „Bücher mit Herz" Team! Ohne euch alle hätte ich dieses Buch wohl nie geschrieben.

Kary Nowak
Bestsellerautor, Selfness-Trainer und Vereinsprofi

© 2019 by Bücher mit Herz
Lektorat: Mag. Margeaux Brandl

Cover: Kary Nowak und Markus Klaus-Eder
Layout: Markus Klaus-Eder

1. Auflage 2019 by Bücher mit Herz

Ferdinand Fleischmanngasse 5/10
A-2340 Mödling
www.buechermitherz.org

Bibliografische Information der Deutschen Nationalbibliothek:
Die Deutsche Nationalbibliothek verzeichnet diese Publikation in der Deutschen Nationalbibliografie; detaillierte bibliografische Daten sind im Internet über http://dnb.dnb.de abrufbar.

Herstellung und Verlag:
BoD – Books on Demand, Norderstedt
ISBN: 9783749430147

Aus dem Inhalt

Danke! Danke! Danke! 5

Mein lieber Schatz! 9

Adam, Eva und die Sünde..13

Die zehn Gebote (2. Buch Mose, Exodus) 17

Von der „Sinte" zur Sünde...20

Erich gegen Erich – warum? 25

Das Schuldgeld und die Macht in dir....................................31

Was können wir tun?...34

Die Geldmacht in dir 36

Franzi, Dobby und die Strafe 39

Wir bitten um eine Spende von 20 Schilling........................ 40

Dobby macht es besser..43

Ho' Oponopono – Streitkultur zum Verlieben 46

Flohzirkus – wie lange noch? 51

Natürliches Lernen – angstfrei und fehlerfreudig................ 60

Dann hau ich Ihnen auch auf die Finger! 62

Die magische Lüge und mein Knie 69

Ray Charles und der Tod seines Bruders...............................73

Ganz plötzlich von 8 auf 25 Dioptrien 74

Ghost - Nachricht von Sam 79

Bhagwan, Anna und ihr Candida 82

Und so entsteht das Programm... 84

Der pawlow'sche Hund 86

Zusammenfassung... 89

Die 9 Schlüssel zum Paradies 91

Frei von Schuld..93

Literaturhinweise 95

Filmempfehlungen 95

Über den Autor.. 96

Aus dem Inhalt des Buchs „Die 9 Schlüssel zum Paradies" . 98

So profitierst du von 35 Jahren Vereinserfahrung 101

Mein lieber Schatz!

Herzlich willkommen in unserer Autoren- und Leserfamilie „Bücher mit Herz"! Du hast gerade mein Buch gekauft oder vielleicht von jemandem geschenkt bekommen und beginnst jetzt, es zu lesen! Damit hast du aus einem „nutzlosen Halbfabrikat" ein wertvolles Endprodukt gemacht. Und deshalb bist du jetzt mit Recht (auch) „mein lieber Schatz"!

Die meisten Menschen haben keine Ahnung, wie dramatisch das Thema „Urteilen, Schuld und Sühne" ihr Leben beeinflussen kann oder schauen besser erst gar nicht hin. Denn das kann manchmal ganz schön anstrengend sein. Nach meiner Erfahrung ist es aber wesentlich anstrengender und ungleich frustrierender, ein ganzes Leben lang im Sumpf herum zu waten, als nach und nach den Berg der Freiheit zu erklimmen und dann die wunderbare Aussicht zu genießen!

Ich habe miterlebt, wie eine Frau um die 60 so lange von Arzt zu Arzt ging, bis endlich einer bei ihr die (falsche) Diagnose Brustkrebs stellte und sie dann nach mehreren Chemos und Bestrahlungen elendiglich zugrunde ging. Ich habe miterlebt, wie sich ein Freund aus meiner Kindheit, der schon als kleiner Bub ständig bestraft wurde, sich als etwa 50-jähriger Familienvater das

Leben nahm. Ich habe miterlebt, wie sich eine blitzgescheite Frau trotz meiner eindringlichen Warnung eine Hungerkur verpasste, die ihr eine Lähmung einbrachte und schließlich den Tod.

Ich habe aber auch miterlebt, wie eine etwa 50-jährige, krebskranke, von der Schulmedizin aufgegebene, Frau wieder vollkommen gesund wurde. Ich habe miterlebt, wie sich eine junge Frau aus ihrem „Schuld- und Sühneprogramm" befreien konnte und von da an keinerlei Verluste mehr hatte. Und ich habe mehrfach miterlebt, wie kleine Kinder aufblühen und schon früh Verantwortung übernehmen, wenn sie ohne jegliche Angst vor Strafe aufwachsen und mich immer wieder von neuem gefreut, dass Schuld und Sühne für sie nie ein Thema sein wird.

Dieses Buch veranschaulicht anhand von Geschichten aus dem Leben sowie aus bekannten Büchern und Filmen, wie das Schuld- und Sühneprogramm entsteht und was es alles anrichten kann. Lese die Geschichten und nimm dir Zeit, sie zu verinnerlichen. Mach dir Notizen auf den leeren Seiten nach jedem Kapitel, die wir extra dafür frei gelassen haben. Und wenn du eine Geschichte mit anderen teilen möchtest, dann tu es!

Wenn dich eine Geschichte an ein Ereignis in deinem eigenen Leben erinnert, dann versuche, die Zusammenhänge zu verstehen. Die Geschichten sollen dich inspirieren und motivieren, in jeder Situation eine Lösung zu finden. Und wenn dich eine Geschichte an ein Ereignis im Leben eines anderen erinnert, dann rede mit diesem Menschen und erzähle ihm diese Geschichte.

Dieses Buch verrät das Geheimnis, wie du dein eigenes, mehr oder weniger ausgeprägtes Schuld- und Sühneprogramm deaktivieren und damit unschädlich machen kannst. Und es zeigt, wie du bei deinen Kindern und Enkelkindern verhindern kannst, dass das Programm überhaupt entsteht – ein unbezahlbares Geschenk fürs ganze Leben. Mit Herz und Verstand angewendet ist dieses Buch ein Schatz!

Mein Versprechen: Selbst wenn dich der Inhalt dieses Buchs nur zu einer einzigen Aktion inspiriert oder ermutigt, die dein Leben dauerhaft verbessert, wird es dir bereits tausendmal mehr bringen, als du investiert hast! *

Mein Herzenswunsch: Dass sich (ähnlich wie bei meinem Bestseller „Krebsheiler packen aus") tausende Menschen von meinen Geschichten inspirieren lassen, die Lektionen beherzigen und dafür Liebe, Freiheit und Frieden ernten!

Genieße die Geschichten und lass dich von mir zum Tun ermutigen. Nimm dieses Buch überall mit: ins Kaffeehaus, in Warteräumen, in den Urlaub, sodass andere vielleicht neugierig werden und dich ansprechen. Ja, und besonders großartig wäre es natürlich, wenn du noch zwei weitere Exemplare kaufst und diese deinen besten Freundinnen u./o. Kolleginnen schenkst! Sie werden sich bestimmt freuen und dir ein Vielfaches an Freude zurückgeben!

Auch ich freu mich natürlich. Denn je mehr Menschen dieses Buch selbst entdecken oder geschenkt bekommen, desto weniger Werbekosten haben wir - und können den Preis des Buchs so günstig belassen, dass es sich jeder leisten kann! Und wenn die beiden Menschen, denen du je ein Buch geschenkt hast, es dir nachmachen und ebenfalls je zwei Bücher kaufen und verschenken, usw., dann könnte daraus eine richtige Lawine der Freude werden! Es ist so einfach. **

*) Solltest du bereits das Buch „Der Schuld- und Sühneunfug" von mir haben (dessen Inhalt sehr ähnlich ist), dann hast du etwas gut bei mir. Sende einfach eine E-Mail an kary.nowak@ bruderbaum.org und du bekommst von mir ein wertvolles Geschenk.

**) Der Reinerlös aus dem Verkauf dieses Buches fließt in das Projekt „HERZMAGIE" der Umweltinitiative BRUDER BAUM.

Adam, Eva
und die Sünde

Die meisten meiner Geschichten sind nicht erfunden, sondern haben sich tatsächlich so abgespielt. Ob sich die folgende, allseits bekannte Geschichte aus der Bibel so zugetragen hat, ist hingegen mehr als fraglich. Es ist die Geschichte von Adam und Eva, denen ein Gott unter Androhung der Todesstrafe verboten hatte, in seinem Garten die Früchte von zwei seiner Bäume zu essen, vom Baum der Erkenntnis und jenem des ewigen Lebens.

Aufgeklärt von einer aufmüpfigen Schlange, dass der Gott sie belogen hätte und sie nicht sterben würden, pflückte Eva eine der Erkenntnisfrüchte und ließ erst Adam kosten, bevor sie selber aß. Beide blieben am Leben – zogen sich aber den heiligen Zorn des Grundbesitzers zu. Denn der ließ sie kurzerhand rausschmeißen und sagte dann zu seinen Götterkollegen: „Siehe, Adam ist geworden wie unsereiner und weiß nun, was gut und böse ist."

Warum der Gott die beiden belogen hat, bleibt ein Rätsel. Denn so etwas tun Götter nicht – oder? Warum er sie rausschmeißen ließ, ist klar: ER hatte es verboten, und sie taten es trotzdem.

Strafe muss sein – oder? Warum das „Wissen" über Gut und Böse eine Erkenntnis sein soll, die Adam (nicht Eva!) gottgleich machte, ist das zweite Rätsel.

Denn dadurch unterscheiden wir (Männer?) uns bestenfalls von den Tieren, aber gottgleich wurden wir dadurch ganz bestimmt nicht. Im Gegenteil: Der innere Zwang, über alles und jede/n ständig zu urteilen, hält uns in der Illusion des Getrenntseins gefangen und hindert uns daran, den göttlichen Funken in uns zu entdecken und zu kultivieren.

Eckhart Tolle beschreibt dieses Dilemma des Egos in seinem Buch „Eine neue Erde – Bewusstseinssprung anstelle von Selbstzerstörung" sehr ausführlich und bezeichnet es wörtlich als „Ererbte Störung": Nach Buddha erzeugt der menschliche Geist im Normalzustand Unzufriedenheit, Leiden und Qual. Und die christliche Lehre bezeichnet diesen „normalen" Zustand der Menschheit als „Erbsünde".

Na bravo! Dann ist ja alles palletti! Wir können also gar nichts dafür, dass wir so „gestört" sind. Adam und Eva sind schuld. Die haben uns das eingebrockt, und wir sind jetzt in alle Ewigkeit die Opfer. Aber hallo! Kommt denn niemand auf die Idee, dass wir so etwas wie einen freien Willen haben! Unser Stammvater Adam konnte sich damit sogar einem Gott widersetzen. Da werden wir es doch wohl hinkriegen, selbst zu entscheiden, ob wir Opfer oder Schöpfer unseres Lebens sein wollen!

Die sogenannte Erbsünde ist eine Erfindung von Menschen, die nur einen Zweck verfolgt: uns alle so früh wie möglich schuldig zu machen und damit nach Belieben manipulierbar. Die gute Nachricht: Diese „Sünde" löst sich sofort in Luft auf, sobald wir nicht mehr an sie glauben. Die schlechte Gewohnheit, über alles und jeden zu urteilen, werden wir leider nicht so schnell loswerden – sie „wohnt" ja schließlich in uns, und das seit über 2.500 Jahren ...

Zu dieser Zeit lebte in der Gegend des heutigen Persiens ein mysteriöser, asketischer Priester und Religionsstifter namens Zarathustra. Getreu dem Grundsatz, dass sich eine Idee am besten verkaufen lässt, wenn sie einfach gestrickt ist und den Mächtigen nützt, propagierte er mit Erfolg die Einteilung der Welt in Gut und Böse.

Frauen, auch die Kurtisanen, waren Jahrtausende lang hoch angesehen und zum Ärger mancher Männer oft auch sehr einflussreich. Also wurde der Frau unterstellt, für die Versuchungen der „Schlange" offener zu sein als der Mann, was sie zum Menschen zweiter Klasse degradierte. Weil nichts, was mit so einem Wesen zusammenhängt, gut sein kann, wurde auch gleich die Sexualität zum Pfui-Thema erklärt.

Dummerweise war das gerade zur Zeit der sogenannten Babylonischen Gefangenschaft. Die jüdischen Hohepriester saßen dort aber nicht im Gefängnis. Sie wurden „nur" entmachtet, damit sie der herrschenden Priesterkaste des Gottes Marduk nicht zu sehr in die Quere kamen. Die Schriftgelehrten hatten dadurch jede Menge Zeit und nützen sie für die längst überfällige Endredaktion ihrer „Heiligen Schrift". Und so landete das „Gut und Böse" zusammen mit der Diskriminierung des Weiblichen in der uns bekannten Story von Adam und Eva.

Auf den rund 2.500 Jahre älteren sumerischen Tafeln wird der „Sündenfall" übrigens völlig anders geschildert. Da die ältere Version viele, zum Teil sehr plausible Details und auch eine innere Logik enthält, kann angenommen werden, dass sie viel eher den wahren Geschehnissen entspricht.

Sicher ist nur, dass das Gut-und-Böse-Denken und die Entmachtung der Frau erst vor 2.500 Jahren begannen. Wir schauen uns daher an, was die Verfasser des „Alten Testaments" noch fabriziert haben, allem voran die berühmten „Zehn Gebote" in der ersten von zwei Originalfassungen.

Die zehn Gebote
(2. Buch Mose, Exodus)

20 (2) Ich bin Jahwe, dein Gott, der dich aus Ägypten geführt hat, aus dem Sklavenhaus. (3) Du sollst neben mir keine anderen Götter haben. (4) Du sollst dir kein Gottesbild machen und keine Darstellung von irgendetwas am Himmel droben, auf der Erde unten oder im Wasser unter der Erde. (5) Du sollst dich nicht vor anderen Göttern niederwerfen und dich nicht verpflichten, ihnen zu dienen. Denn ich, der Herr, dein Gott, bin ein eifersüchtiger Gott: Bei denen, die mir Feind sind, verfolge ich die Schuld der Väter an den Söhnen, an der dritten und vierten Generation; (6) bei denen, die mich lieben und auf meine Gebote achten, erweise ich Tausenden meine Huld."

(7) Du sollst den Namen des Herrn, deines Gottes, nicht missbrauchen; denn der Herr lässt den nicht ungestraft, der seinen Namen missbraucht.

(8) Gedenke des Sabbats: Halte ihn heilig! (9) Sechs Tage darfst du schaffen und jede Arbeit tun. (10) Der siebte Tag ist ein Ruhetag, dem Herrn,

deinem Gott, geweiht. An ihm darfst du keine Arbeit tun: du, dein Sohn, deine Tochter, dein Sklave, deine Sklavin, dein Vieh und der Fremde, der in deinen Stadtbereichen Wohnrecht hat. (11) Denn in sechs Tagen hat der Herr Himmel, Erde und Meer gemacht und alles, was dazugehört; am siebten Tag ruhte er. Darum hat der Herr den Sabbattag gesegnet und ihn für heilig erklärt.

(12) Ehre deinen Vater und deine Mutter, damit du lange lebst in dem Land, das der Herr, dein Gott, dir gibt.
(13) Du sollst nicht morden.
(14) Du sollst nicht die Ehe brechen.
(15) Du sollst nicht stehlen.
(16) Du sollst nicht falsch gegen deinen Nächsten aussagen.

(17) Du sollst nicht nach dem Haus deines Nächsten verlangen. Du sollst nicht nach der Frau deines Nächsten verlangen, nach seinem Sklaven oder seiner Sklavin, seinem Rind oder seinem Esel oder nach irgendetwas, das deinem Nächsten gehört.

Bemerkenswert bei den damals in 16 Versen verfassten Zehn Geboten ist vor allem folgendes: Erstens, dass es damals offensichtlich mehrere „Götter" gab, die miteinander heftig konkurrierten. Zweitens, dass Jahwe (Jehova) sich selbst als eifersüchtiger Gott bezeichnete, der die Schuld der Väter an ihren Söhnen (warum nicht auch an den Töchtern?) bis in die vierte Generation verfolgen würde.

Drittens war es damals offenbar selbstverständlich und gottgewollt, sich Sklaven zu halten, obwohl das jüdische Volk ja gerade selbst erst aus dem „Sklavenhaus" Ägypten befreit wurde. Viertens sollen alle am siebenten Tag des Herrn ihre Arbeit niederlegen, sogar die Sklaven und das Vieh – aber nicht die Frau des Hauses. Fünftens enthalten die zehn Gebote jede Menge „nicht", „kein" und „keine", was unsere Aufmerksamkeit immer wieder auf das Verbotene lenkt und so zu dessen Verwirklichung erheblich beiträgt: Ein subtiler Impulsgeber für immer neue Sünden, Schuld und Sühne!

Vor ein paar tausend Jahren wurden Sozialgesetze wie die Zehn Gebote wahrscheinlich als Fortschritt gefeiert. Denn davor herrschte ja das Prinzip „Auge um Auge, Zahn um Zahn". Und auch das war schon ein Fortschritt gegenüber der Sippenrache, die ganze Völker ausrottete (von Jahwe in den Zehn Geboten aber weiterhin angedroht wird!). Warum die Zehn Gebote auch heute noch propagiert werden, obwohl wir seit 2.000 Jahren etwas viel, viel Besseres in unseren Händen halten, ist mir unerklärlich.

Als Jesus von jüdischen Schriftgelehrten, die ihm ganz offensichtlich eine Falle stellten, gefragt wurde, welches der Zehn Gebote das höchste sei, antwortete er sinngemäß und bewusst ausweichend: „Ich bin nicht gekommen, um die Schrift zu kommentieren, sondern um sie zu erfüllen!" Später, als er seine Bestimmung angenommen und keine Angst mehr vor dem Tod hatte, ersetzte Jesus die Zehn Gebote aber durch ganze drei, deren Beherzigung unsere Welt in atemberaubendem Tempo in ein Paradies verwandeln würde: Liebe das Göttliche, liebe dich und deinen Nächsten wie dich selbst!

Von der „Sinte" zur Sünde

Wer ein Gebot übertritt, begeht eine „Sünde". Doch was bedeutet dieses Wort überhaupt? Laut Herkunftswörterbuch kommt es von „Sinte", was so viel wie Trennung bedeutet. Nach der christlichen Lehre begeht ein Mensch also eine Sünde, wenn er sich von Gottes Schöpfung trennt.

Beispiele gefällig? Wenn wir denken, die Gesetze des Universums gehen uns nichts an, dann ist das Hochmut. Denn diese Gesetze wurden auch zu unserem Wohl gemacht. Wenn wir mehr essen, als unser Körper braucht, dann ist das Völlerei. Denn damit schaden wir unserem Körper und anderen Menschen, die deshalb hungern. Und wenn wir über unsere Eltern schimpfen, dann ist das ein Mangel an Wertschätzung. Denn Sie haben uns das Leben geschenkt und meistens auch noch jede Menge Zeit.

Da wir uns an den universellen Gesetzen nicht so vorbei schwindeln können wie an den von Menschen gemachten Vorschriften, schaden wir uns mit diesen Trennungen vor allem selber. Dass wir dann auch noch Schuldgefühle haben, ist daher völlig überflüssig. Wenn wir sie aber als Sünde empfinden, dann werden ganz automatisch Schuldgefühle generiert, wie in einem Computerprogramm. Und wenn sich irgendwann zu viel Schuld angehäuft hat, dann kommt es zu irgendeiner Form von Selbstbestrafung.

Deshalb gibt es in den christlichen Gemeinden die Beichte, die in der Regel mit einer kleinen Buße und der Vergebung aller Sünden endet. Die Beichte ist für viele Menschen der einzige Weg, sich von der angehäuften Schuldenlast auf einfache Weise zu befreien und im Vergleich zu den diversen Formen der Selbstbestrafung das geringere Übel. Sie hat aber einen Schönheitsfehler: Wir geben jemand anderem die Macht, uns zu vergeben und machen uns damit von diesem Jemand so abhängig wie von einer Droge. Und das alles nur, weil uns schon von Kind an beigebracht wird, unsere Macht an äußere Instanzen abzugeben.

Die Praxis des Beichtens und Vergebens ist im 15. und 16. Jahrhundert zum berüchtigten Ablasshandel ausgeartet. Aus Angst vor dem Fegefeuer kauften die Leute Ablassbriefe für sich und ihre, zum Teil schon verstorbenen Angehörigen. Es hieß, dann wäre man von der Strafe für seine Sünden befreit. Der Preis bei unterem und mittlerem Einkommen entsprach einem Monatslohn. Der Ablasshandel und andere schwere Missstände spalteten die Christliche Gemeinschaft nach endlosen blutigen Kriegen schließlich in mehrere Teile.

In einem alten Film mit der beliebten Volksschauspielerin Annie Rosar zahlt eine ältere Haushälterin ihrem Neffen das Theologiestudium, um sich damit einen Platz im Himmel zu erkaufen. Doch der Neffe finanziert mit dem Geld, das sich seine Tante vom Mund abspart, sein sündiges Lotterleben. Als die Tante nach Jahren davon erfährt, bricht für sie die Welt zusammen. Deshalb trägt dieser Film den Titel „Der veruntreute Himmel".

Unsere Welt ist voller Täuschungen und Enttäuschungen: Adam und Eva starben nicht, als sie vom Baum der Erkenntnis aßen. Sie wurden nur vertrieben und auseinander dividiert. Die Männer sind nicht gottgleich geworden. Die Frauen waren nie ein „Parselmund" wie Harry Potter. Und zur Vergebung unserer Sünden brauchen wir niemanden anderen – nur uns selbst!

Erich gegen Erich – warum?

„Chrrr ... chrrr ... chrrr ..." leise schnarchte Erich vor sich hin. Die Augen geschlossen, das schweinchenrosa Doppelkinn auf die weiße Arbeitsmantel-Brust gestützt, die Hände über dem mächtigen Bauch gefaltet und fallsicher eingequetscht in einen hellbraunen, hölzernen Armlehnsessel. So zelebrierte Erich K. heute wieder mal seinen Büroschlaf.

Erich K. war Mitte 50, brachte rund 100 Kilo auf die Waage, hatte große, hellgraue, glasige Augen, trug seine wenigen weißen, glatten Haare kurz geschnitten und linksseitig gescheitelt, war streng katholisch erzogen und bekam leicht einen roten Kopf. Seit dem tragischen Tod seiner „Rosl" vor vielen Jahren, mit der er neun Jahre lang verlobt war, lebte er bei seiner, nun schon recht betagten Mutter.

Es war nicht so, dass Erich K. nach dem Verlust seiner geliebten Rosl keine anderen Frauen mehr nach Hause gebracht hätte. Doch ließ die Mutter all sein Bemühen um eine neue Partnerin immer wieder auf subtile Weise scheitern: Sie lobte die Vorzüge seiner diversen, neuen Eroberungen, doch beendete ihr Lob stets mit den Worten: „aber die Rosl is's net."

Erich K. war einer der beiden, sich im Turnusdienst mit mir abwechselnden, Direktor-Stellvertreter jenes staatlichen Busunternehmens, das meine erste berufliche Heimat war. Der zweite (damals 21) war ich. Es war für mich okay, dass Erich K. nur halb so viel arbeitete wie ich, dafür aber dreimal so viel verdiente. In einer Beamtenlaufbahn ist das nun mal so. Hin und wieder gab es aber Phasen, wo er nur mehr herummeckerte und die Arbeit einfach liegen ließ: „Ich bin nicht dazugekommen" war dann sein tägliches Mantra, das mich mit der Zeit immer mehr auf die Palme brachte.

Also ging ich zum Direktor, der ebenfalls Erich hieß. Erich M. war fast gleich alt und gleich groß wie Erich K., aber schlank, drahtig und immer voller Energie. Er hatte einen hypnotischen Blick, eine Hakennase und einen blanken Eierkopf wie der Meisterdetektiv Nick Knatterton und trug stets seine dunkelblaue Uniform mit den knallroten, goldumrandeten Spiegeln mit je drei goldenen Sternen am Kragen und goldenen Knöpfen auf Brust und Ärmeln.

Als er mich im Sommer 1962 in sein Reich holte und mich damit gleichzeitig aus einem ungeliebten Job befreite, spürte ich sofort eine starke Resonanz mit ihm. So ergab es sich fast wie von selbst, dass Erich M. mein erster und wichtigster Mentor wurde.

Es war damals (1964) total unüblich, sich gleich mit jedem zu duzen, und schon gar nicht mit dem Chef. Er aber erlaubte sich fast bei jedem im Amt eine Art väterliches Du: „Aha!" sagte er nur, nachdem er sich meine Beschwerde angehört hatte. „Dann hat er wieder mal seine Tage. Daran wirst du dich gewöhnen müssen. Ich rede mit ihm."

Als Erich K. mich dann pünktlich um 12.30 Uhr ablöste, plagte mich ein wenig das Gewissen. Dementsprechend wortkarg und schnell war meine Übergabe. Draußen im lichtdurchfluteten, etwas tiefer liegenden Schalterraum, den ich über eine fünfstufige, dunkelbraune Holztreppe erreicht hatte, plauderte ich noch ein wenig mit den zwei Schalterbeamtinnen, als es im großen Chefzimmer eine halbe Etage höher plötzlich sehr laut wurde. Deutlich war durch die vier Milchglasfenster der weiß gestrichenen Tür des Chefbüros bis in die Schalterhalle hinaus zu hören, wie Erich M. seinem Namensvetter die Leviten las.

Kurz danach wurde die Tür zum Chefbüro aufgerissen, Erich K. lief mit hochrotem Kopf, geschwellter Brust und über das ganze Gesicht grinsend heraus, setzte sich an seinen Schreibtisch und machte sich an die Arbeit. Als ich meine Kolleginnen darauf ansprach, erklärten sie mir, dass das nicht zum ersten Mal gewesen sei und sich alle drei, vier Monate wiederholen würde.

Weil ich mich schon immer dafür interessierte, wie das Leben funktioniert, wollte ich dem kuriosen Geschehen auf den Grund gehen. Denn kurz vor seinem Anschiss war Erich K. ja geradezu unausstehlich gewesen, kurz danach aber wie ausgewechselt produktiv und liebenswert! Offenbar brauchte er diese Bestrafung. Aber warum?

Was ist die verborgene Ursache für dieses seltsame Verhalten? Wo ist da der Nutzen? Ich fragte meine beiden damaligen Freunde Gerd und Friedl, mit denen ich schon viele heiße philosophische Diskussionen hatte. Doch auch sie wussten keine befriedigende Antwort auf meine Fragen.

Also dachte ich daran, Psychologie zu studieren. Doch Friedl, der selber studierte, klärte mich auf, dass die alten Professoren nicht einmal noch bei Sigmund Freud angelangt wären. Also kaufte ich mir ein Buch über die Grundlagen der Psychologie – einen richtig dicken Wälzer – grub mich tief hinein und wurde nach ein paar hundert Seiten tatsächlich fündig.

Ich entdeckte, dass verbotenes oder unerwünschtes Verhalten und Bestrafung bei den meisten Menschen zusammengehören - wie Tag und Nacht, Ebbe und Flut oder Henne und Ei. Wenn die Strafe aber ausbleibt, dann staut sich tief in ihrem Inneren etwas auf, das sich früher oder später in Form einer Selbstbestrafung, der Sühne, entlädt.

Diese Bestrafungen können unglaublich kreativ sein, werden aber meistens als „Zufall" abgetan. Doch alles, was irgendwo auf der Welt geschieht, beruht auf universellen Gesetzen. Es gibt keinen Zufall! Es sei denn, wir definieren „Zufall" als ein Ereignis, das uns gesetzmäßig „zu-fällt".

Das kann eine Kleinigkeit sein wie ein Strafzettel hinter dem Scheibenwischer Ihres Autos. Das können aber auch ein Unfall, eine Erkrankung, der Verlust von Geld, des Jobs oder des Partners sein. Und geht es im Leben eines Menschen ständig auf und ab, dann ist es so gut wie sicher, dass es sich dabei um wiederholte Selbstbestrafungen handelt.

In berauschender Sprache und ergreifenden Bildern erzählt der größte Kriminalroman aller Zeiten („Schuld und Sühne") die atemberaubende Geschichte des Studenten Raskolnikow, der in fortschrittsgläubiger Verblendung einen Doppelmord begeht - und daran zerbricht. Er, der Verbrecher, sehnt sich fortan nach Strafe, um seine Untat zu sühnen, doch wahrhafte Rettung verspricht ihm allein seine Liebe zu der Prostituierten Sonja.

In Anlehnung an diesen weltberühmten Roman von Fjodor M. Dostojewski nannte ich die meist zwingende Abfolge von „Missetat" und Bestrafung „Schuld- und Sühneprogramm." In weiterer Folge fand ich dann immer mehr Erlebnisse und Geschichten, wo dieses Programm unbewusst etabliert wurde und viel später aus heiterem Himmel zugeschlagen hatte.

Nach und nach konnte ich auch das Geheimnis entschlüsseln, wie jeder sein Schuld- und Sühneprogramm deaktivieren und damit unschädlich machen kann. Und durch weitgehende Straffreiheit konnten wir bei unseren drei Kindern verhindern, dass das Programm überhaupt entstand bzw. erreichen, dass es nur ganz schwach ausgeprägt ist – ein unbezahlbarer Schatz fürs ganze Leben!

Das Schuldgeld
und die Macht in dir

„Das Geldsystem ist der größte Betrug, das größte Verbrechen, das jemals auf der Erde existiert hat. Deshalb brauchen wir ein neues System. Dann sind wir in der Lage, alles zu tun, was wir uns vorstellen können. Und niemand kann uns aufhalten!"

(Michael Tellinger, Erfolgsautor und Gründer der weltweiten UBUNTU Freiheitsbewegung)

Armut ist kein Schicksal. Armut und Reichtum werden gemacht. Hauptsächlich durch uns selber und durch das Schuldgeld wie z.B. unserem Euro und den Zinseszins. Armut entsteht in erster Linie durch ständigen Mangel an Wertschätzung gegenüber allem und jedem, einschließlich uns selbst – so lange, bis dieses Mangeldenken auch im Außen Gestalt annimmt. Das Schuldgeld und der Zinseszins besorgen den Rest.

„Jetzt endlich habe ich erkannt, dass der Zins die einzige wahre und wirkliche Ursache dafür ist, dass die Welt dem Wahnsinn des ewigen Wachstums verfallen ist." (Konrad Lorenz, österreichischer Nobelpreisträger)

Das Schuldgeld wird von einigen, wenigen Privilegierten aus dem Nichts erschaffen und mit Zinseszins an den Rest der Welt verliehen. Egal, ob es sich um eine Privatperson, um ein Unternehmen, um den Staat oder um eine andere Bank handelt – immer wenn ein Kredit gewährt wird, erschafft die Hausbank, die Notenbank oder die Europäische Zentralbank das Geld für diesen Kredit aus dem Nichts!

Weil dieses Geld nur dann entsteht, wenn jemand Schulden macht, bezeichnen die Eingeweihten es als „Schuldgeld". Denn dass die von den Banken vergebenen Kredite durch Spareinlagen gedeckt sind, ist ein Märchen, das auch dann nicht wahrer wird, wenn es von Nationalbankpräsidenten erzählt wird.

Genau genommen verleihen die Banken also Geld, das davor noch gar nicht existiert hat und ihnen daher auch gar nicht gehört – woraus sich die berechtigte Frage ableitet, warum wir es dann „zurückzahlen" sollen? Diese Frage war schon öfter Gegenstand von Gerichtsurteilen, die den Kreditnehmern aufgrund der eindeutigen Beweislage in erster Instanz Recht gaben, von einer höheren Instanz aber dann jedes Mal ohne Begründung verworfen wurden ...

Die zweite berechtigte Frage lautet: Warum soll ein Kreditnehmer für z.B. 10.000 Euro, die der Bank niemals gehört haben, Zinsen zahlen? Und woher soll das Geld für den ganzen Zinseszins (den die Bank ja nicht miterschafft!) überhaupt kommen? Erraten: Er muss den Schwächsten in der endlos langen Schuldenkette weggenommen werden – und zwar in Form von realen Sachwerten!

Das sind Grundstücke, Häuser, Wohnungen, Unternehmen, aber auch Kraftwerke, Wasserrechte, etc. Denn gegen Ende eines Schuldgeldzyklus ist der Schwächste in der Kette immer der hoch verschuldete Staat, mit seinem riesigen Volksvermögen. Diese Enteignungen des Volkes zu Gunsten der Herren des Schuldgelds wird dann verschämt Privatisierung genannt – und das nicht nur in Griechenland.

Gegen Ende eines Schuldgeldzyklus stecken im Preis von jedem Produkt und jeder Dienstleistung schon rund 40% Zinseszins. Dadurch werden die reichsten 10 Prozent immer reicher und acht von 10 Familien immer ärmer! Gleichzeitig zwingt der Zinseszins die Unternehmen zu immer mehr Wachstum und Profitmaximierung – und damit zur Zerstörung unserer Sozialsysteme, unserer Lebensqualität und letztendlich aller Lebensräume des gesamten Planeten!

Was können wir tun?

„Würden die Menschen verstehen, wie unser Geldsystem funktioniert, hätten wir eine Revolution – und zwar schon vor morgen früh." (Henry Ford, Großindustrieller).

Dass eine größere Anzahl von Menschen in absehbarer Zeit versteht, wie das Schuldgeld funktioniert, ist höchst unwahrscheinlich – und Revolutionen haben uns noch nie weiter gebracht. Wir brauchen daher andere Lösungen, die hier und jetzt und ohne Volksaufstand funktionieren!

Erstens ist das unsere Einstellung zum Geld. Denn die Wege des Geldes sind drei: Genießen, verschenken oder verlieren. Wer's nicht genießt (es also nicht schätzt) und nicht verschenkt (es also auch anderen nicht gönnt), ist würdig, es zu verlieren.

Zweitens ist das unsere Einstellung zu den Schulden. Wenn wir uns ständig schuldig fühlen, nur weil unser Konto im Minus ist, dann füttern wir damit ununterbrochen unser Schuld- und Sühneprogramm. Wenn wir es jedoch genießen, Kredit zu haben (was bedeutet, dass die Bank oder jemand anderer uns vertraut!), dann ist das ein möglicher Weg zu immer mehr Fülle und Wohlstand!

Drittens können wir alle miteinander den seit Milliarden von Jahren bewährten Weg der Natur gehen und neben dem Schuldgeld noch andere, bessere Gelder ins Leben rufen. Gleichzeitig sollten wir alle Möglichkeiten des geldfreien Wirtschaftens ausschöpfen und weiter ausbauen – wie die Nachbarschaftshilfe und Familien jeglicher Art. Denn dann liegen Armut und Reichtum allein in unserer Hand.

„Lernen'S Geschichte!" war einer der berühmten Sager des legendären österreichischen Kanzlers Bruno Kreisky. Was einem der letzten, echten Sozialdemokraten wichtig war, sollte auch uns wichtig sein. Denn die Geschichte lehrt uns, dass es schon einmal besser war als heute – viel besser:

Handwerker waren so gut bezahlt, dass sie pro Woche nur vier Tage zu je fünf bis sechs Stunden arbeiteten („Blauer Montag"). Bürger und Bauern trugen prachtvolle Kleider und bekamen ihre Speisen in fast allen Gasthäusern des Landes auf silbernen Tellern serviert. Selbst ungelernte Tagelöhner verdienten umgerechnet rund 1.000 Euro netto im Monat. Nach einer Studie der Harvard Universität zählt die zinsgeldfreie Gotik (1150 – 1450) mit ihrer bunten Vielfalt an regionalen Zweit- und Drittwährungen „zu den glücklichsten Zeiten der Menschheit".

Die Zeit ist reif, dass wir die vielfältigen Möglichkeiten, wie wir unser eigenes Geld erschaffen können, entdecken und mit wachsendem Vertrauen zum Wohle des Ganzen nutzen.

Ganze Regionen können sich mit energiegedecktem „Geld" autark machen. Und für unsere Sozialsysteme brauchen wir Zeitwährungen. Denn Zeit ist die einzige Währung, die alle Menschen in gleichem Maß besitzen. Das alles gibt es schon – wir brauchen es nur nachzumachen und auszubauen. Die schönste aller Währungen ist aber unser Vertrauen in uns selbst und in andere Menschen: Jeder trägt so viel bei wie er kann und möchte – es ist so einfach!

***

Die Geldmacht in dir

„In deinem Bewusstsein ist ein Schatz vergraben. Wenn es dir gelingt, ihn dem Schutt aus Aberglauben und Angst zu entreißen, der ihn bedeckt, wirst du eine Freiheit und Selbstbestimmtheit gewinnen, die dein Leben auf eine höhere Stufe hebt. Das ist die Geldmacht in dir. Die Macht, Geld zu schöpfen, um Wohlstand, Gesundheit und Glück zu kaufen, schlummert tatsächlich in DIR.

Du hast die Geldmacht für etwas gehalten, das weit entfernt ist und außer Griffweite. Du hast vom Guten geträumt, das du tun würdest, wenn du die Geldmacht hättest. Du hast anderen Menschen Vorwürfe gemacht, weil sie dieses Gute nicht getan haben. Du hast ihnen die Schuld an schlechten wirtschaftlichen und politischen Verhältnissen gegeben; an Arbeitslosigkeit, an Armut, an Verbrechen, an Krieg.

Es ist einigermaßen logisch, dem Versagen der Geldmacht die Schuld an diesen Übeln zu geben, aber du dachtest nicht, dass die Geldmacht in dir selber wohnt, und die Welt durch dein eigenes Versagen, sie einzusetzen, von Elend befallen ist. Du hast die Macht! Du hast die Verantwortung!

Die Macht und die Verantwortung, Armut, Arbeitslosigkeit, Unsicherheit, Elend und Krieg abzuschaffen, ruht allein in dir selbst. Du, in Zusammenarbeit mit anderen intelligenten Menschen, kannst wirtschaftliche und politische Übel weiter und weiter aus deinem Leben vertreiben, und letztlich könnten sie vom Gesicht der Erde verjagt werden.

Du kannst das durch die Geldmacht in dir erreichen, die sich als erstes in deinem eigenen Wohlstand und Glück äußert, und zu anderen ausstrahlt. Du kannst und musst es tun. Es gibt keine Macht außer dir, die dir diese Segnungen bringen kann. Eine Eingabe an die Regierung zu verfassen ist so, wie einen Brief ans Christkind zu schreiben.

Du brauchst keine Gesetze - es gibt schon ein Gesetz, ein Naturgesetz, das deine Geldmacht regelt. Du brauchst keinen Staat, der dich unterstützt. Alles, was du brauchst, ist die Zusammenarbeit von und mit Menschen die, so wie du, entschlossen sind, die Geldmacht auszuüben, die uns rechtmäßig gehört.

Um zu gedeihen und seine Segnungen zu entfalten, braucht diese uns innewohnende Macht lediglich die Anerkennung und den Respekt unserer Artgenossen. Wir müssen keine Parlamentsanträge stellen, und wir brauchen nicht unsere Zeit mit der Anprangerung von Bankiers verschwenden, da diese zu unserem Naturrecht, einander Kredit einzuräumen, nichts beizutragen haben, womit die perfekte Grundlage für ein Geldsystem gegeben ist." (nach E.C. Riegel, 1947)

Franzi, Dobby und die Strafe

Es war an einem flirrend heißen August-Tag im Sommer 1950, als die Hitze meinen ländlichen Freund Franzi und mich in eine Dorfkirche im Wienerwald verschlug, in der gerade eine Seelenmesse für einen Verstorbenen zu Ende ging. Im dunklen, nach Weihrauch duftenden Inneren des Kirchenschiffes war es angenehm kühl, denn die bunten, Spitzbogenfenster an den Seitenwänden ließen nur einen kleinen Bruchteil der Sonnenstrahlen durch.

Ein ganz in schwarz gekleideter, hagerer Mann mit knorrigem Gesicht und weißen, in der Mitte gescheitelten Haaren reichte an einer langen Messingstange einen rubinroten, samtenen Beutel mit einer Glocke durch die Bankreihen, und jeder der Kirchenbesucher warf ein paar Münzen hinein, einige sogar einen Schein – faszinierend!

Franzi war gerade fünf Jahre alt, hatte ein rundliches, von der Sonne rosig braun gefärbtes Gesicht, graublaue Augen und glatte, weißblonde, links gescheitelte Haare. Ich war sieben und ebenfalls braungebrannt, hatte eine strubbelige, dunkelbraune Mähne und runde Augengläser aus silbernem Metall. Wir trugen beide kurze

39

Leiberln, ebensolche Hosen und Sandalen ohne Socken – und waren verblüfft über die große Spendenbereitschaft der Kirchengänger.

„Das können wir auch!" schoss es mir durch den Kopf, und schon hatte ich auch Franzi mit meiner grandiosen Idee angesteckt. Da wir aber weder eine Kirche noch einen roten Samtbeutel hatten, mussten wir uns etwas anderes einfallen lassen, was Eindruck schindet. Das war dann nach reiflicher Überlegung ein gelbes Blatt Papier von der Größe einer Postkarte, auf der die folgenden, sorgfältig mit blauer Farbe gestempelten Blockbuchstaben zu lesen waren:

WIR BITTEN UM EINE SPENDE VON 20 SCHILLING

Mit diesem Zettel und voller Tatendrang liefen wir dann zum Haus einer alten Frau, von der Franzi wusste, dass sie in der Kirche immer einen Geldschein spendet. Das weiß gekalkte, kleine Haus direkt an der Dorfstraße hatte zwei kleine Fenster mit grün gestrichenen Rahmen und Fensterkreuzen und eine ebensolche Haustür mit einer Messingschnalle. Rechts oben von der Tür hing auf einem Haken eine ca. 10 cm hohe Glocke aus Messing oder Bronze mit einer langen Schnur und einem hölzernen Griff.

Beim Haus der alten Frau endlich angekommen, standen wir eine halbe Ewigkeit mit klopfenden Herzen vor der grünen Tür, bis wir uns endlich trauten, an der Schnur zu ziehen, die die Glocke zum Läuten brachte. „Einen Moment!" hörten wir eine hohe Stimme aus dem Inneren des Hauses rufen, und kurz danach öffnete sich auch schon die Tür.

Eine kleine, etwa 70 Jahre alte Frau mit faltigem, blassen Gesicht und weißen, in der Mitte gescheitelten Haaren kam heraus, begrüßte uns freundlich und fragte dann nach unserm Begehren. Sie trug ein kleingeblümtes Kleid, das ihr fast bis zu den Knöcheln reichte und eine weiße Schürze, die sich leicht im Wind bewegte. Aus der, wegen der drei steinerne Stufen etwas höher liegenden, grünen Haustür strömte kühle Luft heraus, die nach Kaffee, Weihrauch und Mottenkugeln roch.

„Was kann ich für euch tun?" frage die alte Frau noch einmal. Doch wir kriegten kein Wort heraus, sondern überreichten ihr nur stumm den gelben Zettel mit den kunstvoll darauf gestempelten Buchstaben. „Aha!" sagte die alte Frau. „Na gerne! Und wofür ist die Spende?"

Schluck! Darauf waren wir nicht vorbereitet! Also drehten wir uns wortlos um und rannten so schnell weg als wir konnten. Denn tief in unserem Inneren wussten wir natürlich genau, das das, was wir da vorhatten, nicht ganz stubenrein war.

„Mei Vota daschlogt mi!" schrie Franzi schnaufend, nachdem wir schon gut einen Kilometer in vollem Tempo über die glühend heiße Landstraße gelaufen waren – und rannte sofort weiter und weiter, bis ich ihn aus den Augen verlor. Ich hingegen ging seelenruhig zurück zu der „Sommerfrische", die Franzis Eltern gehörte und in dem meine Eltern und ich gerade Urlaub machten, denn ich wusste ja genau, dass ich nichts zu befürchten hatte.

„Ich hab Mist gebaut." sagte ich mit leicht zerknirschter Miene zu meiner Mutter und berichtete ihr von unserem Abenteuer. Sie war Mitte 40, hatte kastanienbraune, schulterlange, gewellte Haare und trug ein rot-schwarz gestreiftes Dirndl mit einer weißen Bluse und weitem Dekolleté und eine himmelblaue Schürze. „Und wo ist der Franzi?" fragte sie besorgt, ohne auch nur mit einem Wort auf meine Geschichte einzugehen. „Ich weiß nicht." stammelte ich. „Ich glaub, der rennt immer noch."

Und so war es. Als es dann dunkel wurde und Franzi immer noch nicht zu Hause war, wurde eine große Suchaktion mit Taschenlampen gestartet, die erst nach einigen bangen Stunden erfolgreich zu Ende ging. Der kleine Franzi war fast sieben Kilometer weit gelaufen und dann erschöpft zusammengebrochen. Und das alles nur, weil er so eine panische Angst vor den Schlägen seines Vaters hatte.

Weil die Erleichterung und die Wiedersehensfreude seines Vaters größer waren als sein Zorn, ging unser kindliches Abenteuer nun auch für meinen kleinen Freund gut aus. Sein weiteres Leben war angesichts seines, schon damals tief verwurzelten Schuld- und Sühneprogramms aber durch eine Selbstbestrafung nach der anderen gekennzeichnet. Doch das ist eine andere Geschichte, die ich hier nicht erzähle, weil sie zu intim und todtraurig ist.

Dobby macht es besser

Wodurch Selbstbestrafungen ausgelöst werden, wird auch im Buch und Film „Harry Potter und die Kammer des Schreckens" demonstriert. Denn da gibt es einen, an Strafe gewöhnten Hauself namens Dobby mit einer spitzen Nase, großen Glotzaugen, langen, spitzen Ohren und ebensolchen Fingern. Als glühender Verehrer von Harry Potter will er diesen vor den dunklen

Machenschaften seiner Herrschaft schützen und bringt ihn dadurch mehrfach in Lebensgefahr.

Weil Dobby, der nur ein schmutziges Tuch als Bekleidung tragen darf, damit aber gleichzeitig seinen Herrn, den Zauberer Lucius Malfoy verrät, muss er sich immer wieder sofort bestrafen – indem er z.B. mit seiner Stirn an einen Kasten donnert oder sich mit einer Tischlampe auf den Kopf drischt und dabei „Böser Dobby! Böser Dobby!" schreit.

Denn nur so kann der Hauself sein seelisches Gleichgewicht sofort nach jedem Verrat (oder einem anderen Vergehen) wiederherstellen. Da er sich nach jeder, auch noch so kleinen Missetat sofort selbst bestraft, kommt es zu keinem Stau an Schuldgefühlen, der in weiterer Folge eine viel schwerere Strafe auslösen könnte. Keine besonders gute Lösung des Problems, aber eine Lösung.

Eine andere „Lösung" ist unser Rechtssystem. Denn wenn jemand bei ROT über die Straße fährt (und sich dabei erwischen lässt), wird er bestraft. Das gleiche gilt für jede andere Missachtung eines Gebots oder Verbots – von der Wiege bis zur Bahre. So machen wir das seit tausenden Jahren, doch kaum jemand fragt sich, ob es nicht vielleicht etwas Besseres gibt.

Ein typisches Beispiel für diesen tief sitzenden, kollektiven Glaubenssatz ist ein Sager des Kung Fu Meisters Shifu gegen Ende des Animationsfilm „Kung Fu Panda", als er den Tod im Kampf mit seinem ehemaligen Schüler Tay Lung in Kauf nimmt: „Dann hab ich endlich für meinen Fehler bezahlt!"

Die meisten Menschen glauben immer noch, dass Bestrafen die einzige Möglichkeit ist, Abweichungen von vereinbarten oder diktierten Verhaltensregeln zu bereinigen. In Wahrheit ist unser Rechtssystem aber nur eine logische Folge eines Weltbildes, dass es einen rächenden, strafenden Gott gibt, in dessen Vertretung wir handeln „müssen", weil er ja nicht alles selber machen kann. Strafen ist kultivierte Rache.

Dieses Weltbild ist jedoch in mehrfacher Hinsicht überholt. Denn erstens könnten wir ja auch annehmen, dass dieser Gott ohnehin spätestens am Tag des Gerichts den Ausgleich schafft. So gesehen ist der Drang, immer gleich selbst den Richter spielen zu müssen, sogar eine Anmaßung göttlicher Kompetenz.

Zweitens geht es dem Opfer, wenn der Täter bestraft wird, um nichts besser. Und drittens gibt es eine Reihe besserer Möglichkeiten, die Harmonie in einer Gemeinschaft wiederherzustellen.

Eine dieser Möglichkeiten ist die Verpflichtung des Täters zur Wiedergutmachung des Schadens oder stellvertretend dafür zu einer Arbeit, die der verletzten Gemeinschaft nützt und für den Täter zugleich eine Art Therapie sein kann. Eine zweite ist das Urvertrauen, dass keiner sein Glück auf dem Unglück anderer aufbauen kann. Denn früher oder später erntet jeder, was er gesät hat (Karma). Wir brauchen dafür nur ein wenig Geduld.

Ho' Oponopono – Streitkultur zum Verlieben

Eine dritte Möglichkeit ist das gemeinsame Wiederherstellen der Harmonie während eines, vor allem in überschaubaren Gemeinschaften ganzheitlich erfolgreichen, hawaiianischen Rituals. Das Wiederherstellen der Harmonie ist allerdingst ein viel höheres Ziel, als nur Gerechtigkeit oder Balance („Auge um Auge …") herzustellen. Das Ritual findet daher nur dann statt, wenn sich davor alle Beteiligten einig sind, dass es dabei um nichts Geringeres geht, als um die Zufriedenheit ALLER!

Harmonie besteht dann, wenn jeder alles hat, was er möchte und wirklich braucht, unabhängig davon, ob es gleich viel, gleich groß oder gleich wertvoll wie der Schatz des Nachbarn ist. Das Gleiche gilt sinngemäß auch für die Harmonie zwischen Mensch und Natur. Das erwähnte Ritual nennt sich HO' OPONOPONO und läuft folgendermaßen ab:

Erstens sind nicht nur die „Streithähne" anwesend, sondern je nach Konflikt auch alle übrigen Mitglieder der ganzen Sippe oder der Dorfgemeinschaft – also alle, die in irgend einer Form direkt oder indirekt betroffen sind.

Zweitens gibt es keinen Richter, sondern den HAKU, eine Mischung aus Zeremonienmeister und Mediator. Er sorgt u.a. dafür, dass nur das zur Sprache kommt, was den aktuellen Konflikt betrifft und nicht, was irgendwann geschehen ist.

Drittens darf jeder Betroffene so lange seine Sicht der Dinge darstellen und nicht unterbrochen werden, als er den Stab des Redners in Händen hält. Nachdem alle gesagt haben, was sie sagen wollten, stellt der Haku an den ersten Betroffenen folgende Fragen: „Bist du bereit, deinen Zorn aufzugeben? Was bist du bereit, zur Lösung des Konfliktes beizutragen?" Nach der Antwort des ersten bekommen auch alle anderen Konfliktgegner dieselben Fragen gestellt. Am Ende jeder Fragenrunde werden sie aufgefordert, einander die Hände zu reichen oder sich anders physisch zu berühren.

In der nächsten Runde bekommen die Kontrahenten nun Gelegenheit, auf die Angebote der jeweils anderen zu reagieren und ihre eigenen Vorschläge zu modifizieren. Wenn die Wogen der Emotion zwischendurch hochgehen, sorgt der Haku dafür, dass wieder Ruhe einkehrt. Diese Art der Verhandlung wird so lange fortgesetzt, bis alle Beteiligten zufriedengestellt sind. Es wird also niemals ein Urteil zugunsten des einen und auf Kosten eines anderen gefällt. Der Haku ist nur ein Vermittler, kein Richter!

Am Schluss wird festgestellt, dass der Konflikt beendet und die Harmonie wiederhergestellt ist. Ja, es wird sogar gesagt, dass es den leidigen Streit gar nicht mehr gibt. Folgerichtig müssen alle Anwesenden, auch die Zuhörer, versprechen, diese Geschichte nie wieder zur Sprache zu bringen und sie dadurch neu zu erschaffen. Es ist ein für alle Mal vorbei! (Quelle: „Die Magie kehrt zurück", Eva Ulmer-Janes, Ibera)

Ist diese Hochkultur der Konfliktlösung nicht zum Verlieben? Sollte sie uns nicht zum Nachdenken anregen? Ist unsere eigene Streitkultur im Vergleich dazu nicht ausgesprochen zurückgeblieben? Ist „Ur-teilen" und Strafen wirklich

„notwendig" (die Not wendend) oder nur eine der vielen Facetten der seit Jahrtausenden praktizierten „Teile-und-herrsche-Strategie" der jeweiligen Machthaber?

Die Vorteile des HO' OPONOPO liegen klar auf der Hand: Wenn wir aufhören zu urteilen und zu strafen, entziehen wir dem Schuld- und Sühneprogramm seine Macht und erschaffen eine völlig neue Erde – ähnlich dem Paradies!

Flohzirkus –
wie lange noch?

„Dingelingeling! Dingelingeling! Dingelingeling!" tönte es aus meinem weinroten Telefon
auf dem Tischchen neben der Wohnungstür. Es
war am 15. September 1977 und kurz vor Mitter-
nacht, und ich wusste sofort, wer mich als einzige noch so spät anrufen würde: meine Kurzzeit-
Freundin Gerti!

„Hallo?" meldete ich mich nach endlosem Läuten, denn ich hatte ja schon geschlafen und musste mich erst anziehen, ehe ich zu meinem Telefon im Vorzimmer laufen und den Hörer abhe-
ben konnte.

„Tut mir leid" hauchte Gerti mit ihrer dunklen,
samtigen Stimme, die ich so liebte, ins Telefon,
„aber es ist wichtig! Ich hab grad erfahren, dass
morgen um 20 Uhr im Prater ein ganz besonde-
rer Zirkus seine erste Vorstellung geben wird!
Gehst du mit mir hin? Biiiiitte!"

„Ein Zirkus?" dachte ich. Hätte das nicht bis
morgen Zeit gehabt? Ach nein! Ich hatte ganz
vergessen, dass Gerti ja geradezu besessen vom
Zirkus und allem Drumherum war. Widerstand
war also zwecklos. Deshalb sagte ich nur „Okay,

ich komm morgen um sieben zu dir und hol dich ab." und legte mich wieder ins Bett.

Am nächsten Tag fuhr ich dann wie besprochen zu ihrer Wohnung, die praktischerweise in der Nähe des Wiener Praters lag. Und als ich dort ankam, stand Gerti schon ungeduldig zappelnd vor ihrer Haustür.

„Fein, dass du dir Zeit nimmst! strahlte Gerti mich an und gab mir einen zarten, nach Pfefferminz schmeckenden Kuss. Sie war 26, ca. 165 groß und was einem sofort auffiel, waren die schulterlangen, kupferroten, leicht gewellten Haare und ihre katzenartigen, smaragdgrünen Augen. Die lange, feine Stubsnase und der kleine, leicht geschwungene Mund machten den Katzenlook komplett. Der türkisblaue, eng anliegende Pullover ließ einen wohlgeformten, straffen Busen ohne BH erkennen und die dunkelblauen, zum Teil schon abgeschabten Stretch-Jeans einen ebensolchen Po.

„Wir können zu Fuß gehen!" rief Gerti übermutig springend und nahm mich an der Hand. „Ich weiß, wo der Zirkus ist. Lass dich führen!" Gerti führte gerne und ich ließ es gerne zu, vor allem in einer so lauen Sommernacht wie heute. Im Prater angekommen, irrten wir eine Weile zwischen den Buden in einem verwirrenden Lichtermeer mit ständig wechselnden Geräuschen und Düften umher, bis wir am Ziel waren: ein gelbes, rundes, kuppelartiges, hell erleuchtetes, etwa sieben Meter breites und drei Meter hohes, Zelt!

„Was ist das?" fragte ich verblüfft, denn ich hatte ein viel, viel größeres Zelt erwartet. „Ein Flohzirkus!" jauchzte Gerti und strahlte über das ganze Gesicht. „Hab ich dir das nicht gesagt? Ich war noch nie in einem Flohzirkus. Und du?" Immer wieder sorgte sie für Überraschungen, aber diesmal hatte sie sich selbst übertroffen. Also gingen wir zur Abendkasse und kauften gleich die besten Karten, ganz vorne in der ersten Reihe.

Der Zirkusdirektor hatte eine winzige, runde Manege aus rotem Samt mit goldenen Planken aufgebaut, in der die dressierten Flöhe zeigten, was sie können: Einer der Flöhe zog eine winzige, goldfarbene Kutsche vor sich her, die ein anderer wie ein Kutscher lenkte. Ein anderes Flohpärchen betätigte sich auf einer goldenen Wipp-Schaukel. Und eine Gruppe von 15 Flöhen baute eine lebende Pyramide mit fünf Ebenen auf, während drei andere auf winzigen Trommeln die Spannung des Gelingens oder Versagens erhöhten.

Als die kuriose Vorstellung schließlich vorbei war, drängte mich meine hyperlebendige Freundin auch noch zu einem Back-Stage-Erlebnis mit dem Zirkusdirektor. Also warteten wir, bis er seine winzigen Artisten in einem kleinen Behälter verstaut und all seine Utensilien zusammengepackt hatte und baten ihn dann um ein Gespräch.

„Faszinierend!" rief Gerti aufgeregt, als wir nun zu dritt in dem kleinen, düsteren und etwas muffigen Wohnwagen saßen, in dem der ganze Flohzirkus untergebracht war.

„Wie haben Sie es nur geschafft, diese quicklebendigen, ständig herumspringenden Kreaturen so zu dressieren, dass sie diese unglaublichen Kunststücke vollbringen können?"

Der Zirkusdirektor, ein hagerer Mann mit schmalen Lippen, grau meliertem Ziegenbart und ebensolchen Koteletten ließ sich von der Begeisterung meiner Freundin nicht anstecken, sondern strich sich erst mit dem Daumen und Zeigefinger seiner rechten Hand bedächtig durch den Bart, schaute sie streng durch seine eckigen, randlosen Augengläser mit zugekniffenen Augen an und sagte dann bedächtig:

„Den Flöhen Kunststücke beizubringen ist keine Kunst, denn sie sind sehr gelehrig. Viel schwieriger war es, sie einzufangen. Am meisten Zeit

brauchte ich aber, ihnen das Springen abzuge-
wöhnen, denn das ist ihre Natur." (Pause)

„Und wie haben Sie das hingekriegt?" platze es
aus Gerti heraus. Wie konnte sie für diese banale
Angelegenheit nur so viel Leidenschaft entwik-
keln? Das musste doch furchtbar anstrengend
sein. Zumindest für den Zirkusdirektor, denn
der starrte sie jetzt mit leeren Augen völlig ent-
geistert an, ehe er mit seiner langatmigen Erklä-
rung fortfuhr.

„Es hat eine ganze Weile gedauert, bis ich endlich die richtige Methode gefunden habe. Denn
die Flöhe sprühen anfangs nur so vor Lebensenergie. (Pause)

„Und?!" rief Gerti ungeduldig und wippte mit
den Füßen, da sie ebenfalls vor Lebensenergie
nur so sprühte „Was haben sie gemacht? Sagen
Sie doch endlich, wie Sie es geschafft haben, oder
ist es ein Geheimnis?"

„Es ist kein Geheimnis, junges Fräulein. Andere
Direktoren machen es genauso wie ich. Wir stek-
ken die Flöhe, gleich nachdem wir sie gefangen
haben, in eine mannshohe Kiste und legen dann
eine Glasplatte drauf." (Pause)

„Ja?!" keuchte meine Freundin. „Und dann?"
Die langen Pausen, die der Zirkusdirektor zwi-

schen seinen Erklärungen mache, brachten sie zum Kochen.

„Und dann" äffte der Direktor sie nach „schauen wir zu, wie unsere Schützlinge versuchen, aus der Kiste heraus zu springen. Fast den ganzen Tag lang hüpfen sie immer wieder so hoch, dass sie mit dem Kopf an die Glasplatte krachen und dann abstürzen." (Pause)

„Ooooch!" stöhnte Gerti. „Das ist ja grausam!"

„Nein, es ist notwendig!" entgegnete der Zirkusdirektor trocken. „Es gibt keine andere Methode, Flöhe zu bändigen. Und wenn wir keine dressierten Flöhe haben, dann gibt es auch keine Zirkusvorstellungen. Und davon waren Sie doch so begeistert, oder?"

„Ja, aber ..." stammelte Gerti, doch der Flohbändiger war jetzt richtig in Fahrt und ließ meine Freundin nicht mehr zu Wort kommen, sondern redete jetzt in einem Schwall weiter: „Nix aber! Was meine Kollegen und ich tun, ist seit Jahrhunderten bewährt und wird sich daher auch so schnell nicht ändern. Außerdem bin ich mit meinen Ausführungen ja noch gar nicht fertig, mein Fräulein!

Was ich Ihnen erzählt habe, ist nämlich erst der Anfang. Denn die Flöhe springen nach einer

Weile nicht mehr ganz so hoch. Das ist dann der Zeitpunkt, an dem wir die Glasplatte um 10 Zentimeter tiefer in die Kiste hinein setzen. Dann krachen unsere Artistenschüler wieder an die Glasplatte, und das Spiel beginnt von neuem.

Allerdings nur mehr einen halben Tag lang, denn die Flöhe lernen schnell, springen wieder ein kleines Stück tiefer und vermeiden so den Frust und den Schmerz. Also müssen wir die Glasplatte erneut um 10 Zentimeter tiefer setzen, usw. usw., bis sie so tief ist, dass die Flöhe nicht mehr springen können, ohne sich zu verletzen. In diesem Zustand belassen wir sie dann ein, zwei Wochen lang.

Danach können wir die Glasplatte wegnehmen und unsere künftigen Artisten aus der Kiste rauslassen. Die Erfahrung zeigt, dass die meisten von ihnen nie mehr springen. Denn in ihrem Kopf ist die Glasplatte immer noch da.“

***

Du bist vielleicht schon draufgekommen, dass diese Geschichte – abgesehen von den Infos über meine quirlige, zirkusbesessene Kurzzeit-Freundin Gerti – frei erfunden ist. Sie wurde von jemandem geschrieben, der keine Ahnung von Zirkus hat und schon gar nicht vom Flohzirkus, dafür aber einen anderen, viel wichtigeren Bereich unseres Leben voll durchschaut hat: Die Erziehung unserer Kinder!

Denn seit Jahrtausenden werden unsere Kinder – mit wenigen Ausnahmen – von klein auf Tag für Tag ständig gestoppt, verletzt und entmutigt. Ein vierjähriges Kleinkind erlebt im Schnitt täglich 240 Stopps und nur 10 bis 15 Ermutigungen! Laut Harvard Universität kommen so bis zum 18. Lebensjahr bis zu 150.000 Stopps zusammen!

In der „Kronen Zeitung" fand ich dazu folgende Geschichte: „Ich war 4 oder 5 Jahre alt. Das Schlafzimmer meiner Eltern, in dem der Weihnachtsbaum stand, war abgeschlossen. Ich schlich mich zur Tür und schaute durch das Schlüsselloch, obwohl die Eltern das verboten hatten. Was ich sah, ließ mein Herz höher schlagen. Die gewünschte riesige Holzeisenbahn stand da. Vor Freude lief ich in die Küche und erzählte allen, was ich gesehen hatte.

Als am Abend das Glöcklein erklang, stürme ich ins Zimmer – weit und breit keine Eisenbahn! Zur Strafe für meine Neugier hatte das Christkind sie wieder mitgenommen. Ich bekam sie erst zum nächsten Weihnachtsfest. Max Sturm"

Wenn das Kind dann dank dieser „Erziehung" endlich aufgegeben hat, aus eigenem Antrieb größere Sprünge zu machen, folgt die eigentliche Dressur mit „Zuckerbrot und Peitsche": Lob und Tadel, Einser und Fünfer, Aufsteigen und Durchfallen, Belohnungen und Bestrafungen – alles prächtiges Material zum Aufbau eines nachhaltig wirksamen Schuld- und Sühne-Programms.

Mangelbewusstsein und Konkurrenzdenken prägen und vergiften immer mehr unser Leben, und das schon in fast jedem Kindergarten und jeder Schule. In einer auf Angst aufgebauten Fehlerkultur lernen Kinder auch heute noch primär nur „Kuschen und Gedicht aufsagen" (Wolfgang Ambros) und werden so zu gefügigen „Systemtrotteln" (Roland Düringer) – beliebig manipulierbar bis hin zu Terror, Krieg und der Zerstörung unserer Lebensgrundlagen.

Das müssen wir ändern! Und zwar radikal! Erstens in unseren eigenen Köpfen, zweitens in den Köpfen aller werdenden und bereits aktiven Eltern und Großeltern und drittens in den Köpfen von allen Menschen, denen wir unsere Kinder und Enkelkinder anvertrauen. Angstfreies, natürliches Lernen mit Kindern von Null bis hundert, aufrichtiger Anerkennung, sparsamer Kritik und reichlich Ermutigung ist der einfachste und schönste Weg, gemeinsam eine Neue Erde zu erschaffen.

Natürliches Lernen – angstfrei und fehlerfreudig

Natürliches Lernen ist wie Atmen und geschieht immer und überall. Lernfreude und Lernfortschritt sind abhängig von der Motivation, vom (Selbst-) Vertrauen, von der Lernmethode, von der optimalen Herausforderung, von der Ausdauer und vom Kommunikationsniveau aller Beteiligten. Eine großangelegte Feldstudie der Harvard Universität beweist, dass Erfolg zu 85% vom Niveau der internen und externen Kommunikation abhängt! Und so sieht natürliches Lernen fürs Leben aus:

• Lernen, Wissen und Können zu erwerben
• Lernen, zu entscheiden und zu handeln
• Lernen, Selbstvertrauen zu entwickeln
• Lernen, mit anderen zusammenzuarbeiten

Natürliches Lernen beginnt immer mit einem Impuls (Inspiration statt Zwang und Manipulation), der (ohne Vorgabe eines Lehrers) zum Tun einladet. Ist das Tun erfolgreich (auch ein Lernerfolg ist ein Erfolg!), entsteht Begeisterung, die zu weiterem Tun beflügelt = Flow!

Mit jedem (Lern-) Erfolg steigt das (Selbst-) Vertrauen und der Wunsch, das Gelernte bereitwillig mit anderen zu teilen. Weil keine Bewertung oder Bestrafung droht, geschieht alles völlig offen und frei. Jeder ist Lernender und Lernbegleiter zugleich. Alles wiederholt sich in einem ganzheitlichen, natürlichen, „fehlerfreudigen" Zyklus. Aus Fehlern werden Lernerfolge. Denn nichts macht erfolgreicher als der Erfolg und die immerwährende Freude am Lernen! Mehr dazu bei: www.lais-institut.net + www.colearning.at

Kinder sind geborenes Feuer. Unsere Aufgabe ist lediglich, dieses Feuer nicht zu löschen. Jedes Kind und jeder Mensch hat ganz besondere Talente und Gaben, und wer außer uns sollte diese fördern? Wenn ein Kind auf die Welt kommt, macht es normalerweise zwei grundsätzliche Erfahrungen: Erstens, dass es mit der Mutter verbunden ist und zweitens, dass es dabei wächst. „In Verbundenheit wachsen" ist die Urerfahrung des Kindes, auf der wir alles aufbauen sollten.

„Der Mensch ist das einzige Lebewesen auf unserem Planeten, das in der Lage ist, andere Menschen (und erst recht andere Lebewesen) nicht als Subjekte (Lebewesen), sondern als Objekte (Sachen!) zu behandeln."

beschreibt der bekannte Gehirn- und Bildungs-
forscher Gerald Hüther unser übliches Verhalten
und ermutigt uns gleich zu einer Übung, es zwei
Wochen lang anders zu machen und die Folgen
unseres Tuns zu beobachten:

„Hab ich die anderen jetzt eingeladen, inspiriert,
positiv unterstützt, damit sie sich wahrgenommen und gut fühlen? Bin ich ihnen so freundlich
begegnet, dass sie sich in ihrem ganzen Wesen
wertgeschätzt fühlen – einfach so wie sie sind?"

„In Verbundenheit wachsen" ist die Urerfahrung
des Kindes. Deshalb ist es von allergrößter Wich-
tigkeit, dass die Eltern immer bedingungslos zu
ihren Kindern halten – vor allem dann, wenn
Sie im Kindergarten oder in der Schule in einen
Konflikt geraten. Was ich damit meine, geht am
besten aus einer wahren Geschichte aus meiner
Volksschulzeit hervor.

Dann hau ich Ihnen auch auf die Finger!

Es war an einem feuchtkalten Dezembertag im
Jahr 1949 in Wien Fünfhaus am Reithofferplatz
Nummer 14, als ich (der kleine, sechsjährige
Karli) leicht durchgefroren kurz vor zwölf zu Fuß
von meiner Volksschule nach Hause kam.

Meine Mutter, mein Vater und ich wohnten zu dieser Zeit, vier Jahre nach dem zweiten Weltkrieg, in einer 40 m² großen Hausbesorger-Wohnung im Parterre mit Wasser und Klo am Gang. Meine Mutter, eine etwa 165 cm große, stämmige Frau Mitte Vierzig, hatte zwei Weltkriege überlebt und allerhand durchgemacht, sodass sie nichts so leicht erschüttern konnte. Sie war die Seele des Geschäfts meines Vaters und sorgte als Hausmeisterin zusätzlich für die Ordnung und Sauberkeit des Zinshauses, in dem wir lebten.

Als ich die Küche betrat, die gleichzeitig unser Esszimmer war, und mir die, von meiner Mutter gestrickten, bunten Fäustlinge auszog, fragte sie gleich: „Wieso hast du so rote Finger?" und nach einer kurzen Pause „Und wieso sind die so geschwollen?" Ich druckste zunächst herum und wollte nichts sagen, aber sie gab keine Ruhe, bis ich ihr schließlich in allen Details schilderte, was vorgefallen war:

„Es war gegen Ende der letzten Stunde, als unsere Lehrerin sich wieder mal vorne an der Tafel damit abmühte, uns die ersten Buchstaben beizubringen. Sie war etwa 50 Jahre alt, trug ihre schwarzbraunen Haare als Knödel am Hinterkopf, hatte ein Gebiss wie ein Pferd, sowie stark hervor quellende Augen, mit denen sie uns durch ihre runden, silbern umrandeten Gläser anschaute.

Mir war längst die Aufmerksamkeit weggerutscht, und so blödelte ich lieber mit meiner neuen kleinen Freundin Elfi herum, die neben mir auf der Schulbank saß. Elfi hatte ein Madonnengesicht mit großen, weit offenen, schwarzbraunen Augen, schwarze Augenbrauen und zwei lange, dicke, pechschwarze Zöpfe. Weil das heimliche Flüstern mit Elfi mich hundertmal mehr faszinierte, als das Blablabla der glotzäugigen, alten Frau an der Tafel, war ich total überrascht, als diese mich plötzlich laut aufforderte, aufzustehen und zu ihr raus zu kommen.

Noch leicht grinsend stand ich also auf, zwängte mich aus der, mit einem schmalen Schreibpult verbundenen Holzbank und ging neben den Bänken in Richtung Tafel. Dann weiter die kleine Treppe hinauf auf das große, schwarze Podium, auf dem die Lehrerin hinter ihrem Schreibtisch thronte. Als ich das Podium erklommen hatte, stand sie auf und forderte mich mit schroffen Worten auf, meine Hände vorzustrecken, und zwar mit den Handflächen nach unten. Ich dachte, sie wollte kontrollieren, ob meine Fingernägel sauber sind und folgte daher arglos ihrer Anweisung.

Doch sie nahm von ihrem Schreibtisch ein hölzernes Lineal und schlug mir damit, ohne ein Wort zu sagen, auf meine vorgestreckten Finger. Reflexartig zog ich sie sofort zurück. Doch die Lehrerin bestand darauf, dass ich sie nochmals und nochmals, also dreimal vorstrecken musste. Mir schossen die Tränen in die Augen, doch machte ich keinen Mucks, sondern ging schweigend die Stufen hinab und zurück zu meinem Platz neben Elfi, die offenbar mit mir gelitten hatte und ebenfalls Tränen in den Augen hatte."

Meine Mutter hörte mir die ganze Zeit aufmerksam zu und unterbrach mich kein einziges Mal. Als sie aber hörte, was meine Lehrerin mir angetan hatte, wurde sie zornig: „Zieh dich an!" rief sie befehlsartig. „Wir gehen zu deiner Lehrerin!" Gesagt, getan, und schon waren wir im Eilschritt unterwegs zu meiner Volksschule, die nur 500 Meter von unser Wohnung entfernt lag.

In der Schule angekommen, fragte sich meine Mutter so lange durch, bis sie in Erfahrung gebracht hatte, wo sich meine Lehrerin gerade aufhielt: im Konferenzzimmer. Also keuchten wir die steinernen Stufen hinauf in den zweiten Stock, liefen den langen, menschenleeren, mit Hall erfüllten Gang entlang, bis hin zu einer dunkelbraun gestrichenen, schweren Holztür mit der Aufschrift „Konferenzzimmer".

„Poch, poch, poch" klopfte meine Mutter kurz an die Tür, machte sie auf und ging mit mir in das Zimmer. Es war ein hoher, länglicher Raum mit einem langen dunkelbraunen Holztisch, an dem beidseitig je sechs dazu passende Sessel standen. Ganz vorne flutete durch zwei hohe Doppelfenster genug Sonnenlicht herein, um das ganze Konferenzzimmer, einschließlich der mit Büchern und anderem vollgestopften Regale an den Seitenwänden zu erhellen.

„Was fällt Ihnen ein?!" rief meine Lehrerin, als wir beide zur Tür hereinstürmten und erhob sich blitzartig von ihrem Sessel. „Ich habe noch nicht >herein< gesagt!" Sie war allein in dem großen Raum und sichtlich erschrocken, wusste aber sofort, worum es ging.

„Waren Sie das?!" fauchte meine Mutter die Lehrerin an und zeigte auf meine roten, geschwollenen Finger. Doch die Lehrerein war starr vor Schreck und murmelte nur ein paar leise Worte, brachte aber keinen zusammenhängenden Satz heraus, sondern fixierte nur immer wieder meine kleinen, roten Finger und das zornige Gesicht meiner Mutter.

„Hören Sie!" beendete meine Mutter das Gestammel der Lehrerin. „Wenn Sie meinem Karli noch einmal mit einem Lineal auf die Finger hauen, dann komm ich in die Schule und hau Ihnen damit auch auf Ihre Finger! Verstanden?!" Die Lehrerin nickte wortlos, wir drehten uns um, gingen aus dem Zimmer, die Stufen hinunter, aus der Schule raus und wieder nach Hause. Und obwohl diese Szene nur drei Minuten gedauerte hatte, hinterließ sie sowohl bei meiner Lehrerin als auch bei mir einen bleibenden Eindruck.

Meine Lehrerin behandelte mich von da an wie ein rohes Ei. Meine Mutter schätzte ich jetzt noch viel mehr, denn ich wusste, ich kann mich auf sie verlassen. Ebenso wusste ich, dass ich mir so einen Angriff nie wieder gefallen lassen würde, was meinen Selbstwert und mein Selbstvertrauen verdoppelte. Auch hatte ich keinen Groll mehr gegen meine Lehrerin, denn sie hatte ja jetzt ihre „Strafe" bekommen. Die kleine Elfi schließlich wurde nach diesem Vorfall zu meiner festen Freundin – und das ganze acht Jahre lang!

Die magische Lüge und mein Knie

„Schaut heeer!"schrie mein Turnlehrer mit seiner tiefen Stimme durch den Schulhof der Handelsakademie am Hamerlingplatz 5-6 in Wien Josefstadt. „Der Nooowak suuuhlt sich da in der Sonne!" Der Boden des grau asphaltierten Innenhofes war zur Hälfte mit gelbbraunem, feinen Sand bedeckt und diente uns 14- bis 15-jährigen Burschen an diesem ersten sonnigen Frühlingstag im April 1958 zum Kugelstoßen, Hoch- und Weitspringen.

Ich war damals, drei Jahre nach dem Abzug der alliierten Besatzungstruppen, noch keine 15 Jahre alt und mit meinen 145 cm der Kleinste in der Klasse. Meine Klassenkameraden waren alle um 10 bis 20 cm größer und hatten nicht nur mehr Muskeln, sondern auch viel längere Beine.

Ich hatte ständig Angst, dass mir die schwere Eisenkugel auf die Zehen fallen würde, denn mein Kugelstoßen war eher ein Kugelfallen. Und auch beim Springen – egal ob hoch oder weit – hatte ich die magersten Ergebnisse. Das war frustrierend. Außerdem war mir in meinem kurzen, weißen Leiberl und der kurzen Turnhose im Schatten des Schulhofs saukalt – also zog es mich nach kurzem Zögern unwiderstehlich in die Sonne.

„Verdammt!", dachte ich. Es war doch höchstens eine Minute vergangen, seit ich mich von der Schülergruppe, die beim Weitspringen angestellt war, entfernt hatte, um mich in der Sonne ein wenig aufzuwärmen. „Was sage ich jetzt?"

„Ich hab mir das Knie verstaucht." stammelte ich schließlich und humpelte demonstrativ ein paar Schritte in Richtung Turnlehrer. Der etwas 40-jährige athletisch gebaute Mann schaute mich erst durch seine dunklen, mit buschigen, schwarzen Augenbrauen überdachten, Augen argwöhnisch an, akzeptierte aber dann meine Entschuldigung, und ich hinkte zurück zu meinem Sonnenplatz.

Als die Turnstunde vorbei war, liefen die Schüler durch die braun gestrichenen, oben verglasten Flügeltüren zu den Umkleide- und Duschräumen, wo es penetrant nach kaltem Schweiß roch. Nach dem Duschen und Anziehen hinkte ich, fest am Geländer der Stiegen angeklammert, vom Keller hinauf in den zweiten Stock, wo sich unser Klassenzimmer befand. „Das muss ich jetzt durchziehen" dachte ich und spielte auch weiterhin den leidenden Invaliden.

„RRRRRRR! RRRRRRR! RRRRRRR!" tönte es schrill und laut durch die ganze Schule. Der Unterricht war vorbei. Natürlich musste ich auch jetzt noch weiterhumpeln, denn sonst wäre der Schwindel ja sofort aufgeflogen. Also hinkte ich, das Geländer wieder fest umklammernd, die Stufen hinunter bis zum Ausgang und dann noch weiter, am Hamerlingpark vorbei, bis zur Station der Straßenbahnlinie 5. Mit der fuhr ich dann bis zur Westbahnstraße, wo ich in die Linie 49 umsteigen wollte.

„Jetzt sieht mich bestimmt keiner mehr" dachte ich, lief leichtfüßig durch den fast leeren, beidseitig mit hellen Holzbänken ausgestatteten, Waggon und sprang erleichtert von der offenen Plattform des eckigen rot-weiß-roten Triebwagens hinunter auf das glatte Granitpflaster.

„Aua!" entfuhr es mir unkontrolliert. Das tat ja höllisch weh! Beinahe wäre mir das rechte Knie eingeknickt und ich der Länge nach hingefallen, wenn mich nicht ein Erwachsener aufgefangen hätte. Aber wieso? Wieso hatte ich auf einmal wirklich Schmerzen? Ich hatte doch gar nichts, oder doch?

Tatsache war, dass die Schmerzen in meinem rechten Knie nur allmählich nachließen und ich eine ganze Woche lang herum humpelte. Das war gut für meine Glaubwürdigkeit in der Schule und befreite mich ein weiteres Mal vom Turnen. Doch der Preis dafür war mir eindeutig zu hoch. Also beschloss ich, in Zukunft auch in „Notfällen" wie diesem einfach die Wahrheit zu sagen.

Damals hatte ich natürlich noch keine Ahnung, was da gelaufen war. Doch heute ist mir alles sonnenklar: Ich hatte entgegen meiner Erziehung und meiner Werte, um einer Strafe zu entgehen, meinen Turnlehrer und alle meine Mitschüler belogen und dann stundenlang meine ganze Aufmerksamkeit darauf gerichtet, den vorgetäuschten Zustand so real wie nur möglich erscheinen zu lassen.

Damit hatte ich gleich doppelt dafür gesorgt, die dadurch abgewendete Strafe doch noch zu bekommen. Denn durch das stundenlange Spielen des leidenden Verletzten hatte ich eine neue Realität erschaffen. Gleichzeitig war die kritische Masse meines „Schuldenbergs" wohl schon überschritten, was ihn unweigerlich zum Kippen bringen musste.

Bei dieser Geschichte war der Zusammenhang zwischen Schuld und Sühne ganz offensichtlich, bei der nächsten ist er erst auf den zweiten Blick zu erkennen. Denn es ist egal, ob jemand tatsächlich „schuld" an einem Ereignis ist oder nur glaubt, dass es so ist. Denn für unser Unterbewusstsein ist beides Realität. Ein typisches Beispiel dafür ist die frühe Lebensgeschichte des berühmten amerikanischen Sängers, Songwriters und Komponisten Ray Charles.

Ray Charles und der Tod seines Bruders

Ray Charles Robinson wuchs zur Zeit der Rassentrennung in den USA zusammen mit seinem Bruder George in ärmlichen Verhältnissen auf. In einem Hinterhof in der Nähe seiner Wohnsiedlung lernte er Klavierspielen. Als er im Alter von sechs Jahren mitansehen musste, wie sein Bruder in einem Waschzuber ertrank, erblindete er neun Monate später an einem Glaukom. Offenbar hatte er sich eingebildet, am Tod seines Bruders „schuld" zu sein und brauchte diese Sühne.

Befreit von jeglicher Schuld bekam Ray Charles nun eine umfassende musikalische Ausbildung in einer Blindenschule und startete bereits mit 14 seine Karriere als Musiker. Heute wird er als der „Hohepriester des Soul" bezeichnet. Sein Einfluss war stilprägend für die Entwicklung von Rhythm and Blues, Blues, Country und Soul. Insgesamt hat Ray Charles mehr als 90 Millionen Tonträger verkauft.

Vielleicht betrachtest du dieses Beispiel jetzt als zu weit hergeholt. Doch Ray Charles ist bei weitem nicht der einzige, der etwas Schreckliches „mitansehen" musste, ohne etwas dagegen tun zu können und sich dann in Form einer Schädigung des Sehvermögens dafür bestrafte.

Ich bin meinen Eltern unendlich dankbar, dass ich zuhause ganz ohne Strafen aufwachsen durfte. Im Kindergarten und in der Schule war das aber nicht mehr so. Also etablierte sich auch bei mir ein Schuld- und Sühneprogramm, wenn auch nur ein sehr schwaches. Trotzdem hat es mich bis vor wenigen Jahren noch mehrmals „erwischt". So auch im Jahr 2000. Denn im Jahr davor, also 1999, fühlte ich mich gleich mehrfach schuldig.

Ganz plötzlich von 8 auf 25 Dioptrien

Erstens gegenüber einem langjährigen Weggefährten, mit dem ich mich zerstritten hatte und zweitens gegenüber meiner Frau und meinen drei Kindern, weil ich zu wenig Geld nach Hause brachte. Vor allem aber fühlte ich mich schuldig gegenüber meiner damals 93-jährigen Mutter.

Sie war am Ende ihres Lebens angelangt, und ich musste mit ansehen, wie sie – eine ehemals sehr starke Frau – von Woche zu Woche immer

kränker, schwächer und zuletzt auch immer ver-
zweifelter wurde. Ich konnte nichts tun, außer
mir einmal in der Woche ihr Gejammer anzu-
hören und sie mit Neuigkeiten aus der Familie
zu versorgen. Als sie dann endlich starb, war ich
traurig aber auch erleichtert.

Gegen Ende des Jahres 2000 fiel mir immer
mehr auf, dass meine Sehkraft stark nachge-
lassen hatte. Zuletzt wurde es so schlimm, dass
ich nicht mehr erkennen konnte, wo der Geh-
steig aufhört und die Straße anfängt. Also ging
ich zum Optiker, der feststellte, dass sich meine
Kurzsichtigkeit von 8 auf 25 Dioptrien (!!) ver-
schlechtert hatte.

Verursacht wurde das durch einen viel zu frühen,
atypischen grauen Star. Also entschloss ich mich
nach einigem Zögern zu einer Operation, bei der
mir dann im Mai 2001 meine trüben Augenlin-
sen durch solche aus Kunststoff ersetzt wurden.
Mit den neuen Linsen wurden aber nicht nur
meine „Mattscheiben" beseitigt, sondern auch
meine Kurzsichtigkeit von acht auf 2,5 Dioptrien
reduziert!

Können Sie sich das vorstellen? Ich musste von
klein auf 50 Jahre lang eine dicke Brille oder
Kontaktlinsen tragen, um halbwegs scharf zu sehen. Und dann von einem Tag auf den anderen

konnte ich plötzlich ganz ohne jedes Hilfsmittel alles relativ klar und auch viel, viel bunter sehen!

Ich ging hinunter in den Garten des Krankenhauses in Wien Penzing und bestaunte die weißen, tuchendartigen Wolken, die über den blauen Himmel zogen, die Tautropfen auf den sattgrünen Blättern, das dunkle, samtene Rot der Rosen, und, und, und ... Nach den schweren Prüfungen im Jahr 99 erlebte ich diese neue, klare, bunte Welt wie ein Wunder!

Verzeihung! Jetzt bin ich offenbar vom Thema abgewichen. Oder vielleicht doch nicht? Denn im Jahr 2000 entstand ja mein bis dahin größtes Netzwerk mit unglaublich vielen, herzlichen Menschen und einem ständig wachsenden Einkommen für mich und mein Team. Dadurch baute sich offenbar ein krasses Missverhältnis auf: zwischen meinen angehäuften Schulden und meinem unverschämten Glück.

Und damit kommen wir zu einem weiteren Phänomen des Schuld- und Sühneprogramms: Die Selbstbestrafung erfolgt in der Regel nicht gleich nach dem Ereignis, das bei uns ein Schuldgefühl auslöst, sondern oft erst dann, wenn wir dieses Ereignis längst vergessen haben und aus irgend einem Grund wesentlich mehr bekommen, als wir zu verdienen glauben.

Wie weit das gehen kann, zeigt am besten die folgende Geschichte von Sam, der genau mit so einer wunderbaren Situation nicht umgehen konnte.

Ghost - Nachricht von Sam

Entscheidend für das Auslösen der Sühne ist nämlich nicht nur die Höhe des Schuldenbergs, sondern auch das Verhältnis zwischen diesem Berg und dem „Guthaben" unserer guten Taten! Was ein (eingebildete) Missverhältnis zwischen diesen beiden alles anrichten kann, zeigt uns der Kultfilm „Ghost- Nachricht von Sam".

Sam (Patrick Swayze) ist ein junger, rasch aufgestiegener Investmentbanker. Seine große Liebe Molly (Demi Moore) ist eine junge, bildhübsche Künstlerin mit der er gemeinsam aus einer Bruchbude eine zauberhafte Atelierwohnung macht, in der die beiden dann auch leben wollen. Die entscheidende Szene, in der das Schicksal der beiden unsterblich Verliebten eine dramatische Wendung nimmt, spielt in ihrem gemeinsamen Bett im neuen Heim.

Molly: „Ist alles in Ordnung?"

Sam: „Hmm, mir geht's gut."

Molly: „Was bedrückt dich?"

Sam: „Gar nichts."

Molly: „Machst du dir Sorgen wegen der Beförderung?"

Sam: „Nein, eigentlich nicht."

Molly: „Was dann? Weil wir zusammenziehen?"

Sam: „Nein. ...... Ich weiß nicht. Es sind 'ne Menge Dinge. ...... Ich fürchte, die Seifenblase könnte platzen. Ich hab das Gefühl, dass, immer wenn etwas Gutes in meinem Leben passiert, dass ich es dann wieder verliere." Dann sehen die beiden im Fernsehen noch den Bericht über einen Flugzeugabsturz, der Sams Angst vor dem Fliegen nährt und ihn veranlasst, einen Flug zu stornieren.

Am nächsten Abend auf dem Heimweg von einem Theaterbesuch werden Sam und Molly in einer dunklen Gasse von Willie Lopez (Rick Aviles), einem dunkelhäutigen, schwarz gelockten Puerto-Ricaner angegriffen. Er hält Sam eine Pistole vor die Nase und verlangt seine Brieftasche. Molly beschwört Sam, dem Räuber die Brieftasche zu geben. Doch Sam ist zornig, greift nach dem Arm des Räubers und will ihm die Pistole aus der Hand winden. Es folgt ein längeres Handgemenge, an dessen Ende sich ein Schuss löst und Sam tödlich an Hals und Brust verletzt.

Sam sieht sich selbst blutend und regungslos am Boden liegen. Er stellt fest, dass er jetzt ein Geist

ist, der seine Umwelt zwar sehen und hören kann, aber von anderen Menschen nicht mehr wahrgenommen wird. Erst als Geist kommt Sam dahinter, dass Carl (Tony Goldwyn), sein enger Freund und Kollege in der Bank, Willie zu dem Überfall angestiftet hatte. Denn Carl betreibt bei ihrer gemeinsamen Bank Geldwäsche für einen Drogenboss. Sam stand kurz davor, dies zu entdecken und änderte den Geheimcode des Kontos, auf dem Carl vier Millionen Dollar Schwarzgeld deponiert hatte. Um an den neuen Code zu gelangen, sollte Willie Sam nur die Brieftasche abnehmen ...

Wie du selbst siehst, musste Sam nur deshalb sterben, weil er selbst gleich fünf Ursachen (!) dafür setzte: Erstens fürchtete er, „die Seifenblase könnte zerplatzen." Zweitens entdeckte er einen Fehler auf einem seiner Konten. Drittens wollte er den Grund dafür unbedingt selbst herausfinden. Viertens änderte er sofort den Zugangscode für das verdächtige Konto. Und fünftens verweigerte er einem Räuber mit einer geladenen und entsicherten Pistole seine Brieftasche! Hätte er nur eine dieser fünf Handlungen unterlassen, wäre er am Leben geblieben und hätte es gemeinsam mit seiner geliebten Molly genießen können.

Bhagwan, Anna und ihr Candida

Im Winter 1994/95 lernte ich im Waldviertel eine etwa 35-jährige Frau kennen, die wir hier Anna nennen wollen. Sie hatte dunkelbraune, lockige Haare, helle blaugraue Augen, eine dunkle Stimme und setzte von Zeit zu Zeit ein unschuldig, mädchenhaften Lächeln auf. Schon vom ersten Augenblick an spürte ich eine starke Verbindung zwischen Anna und mir, die sehr rasch noch stärker wurde, als sie damit begann, völlig ungeniert und vor allen Leuten mit mir zu flirten.

Das änderte sich auch dann nicht, als ich beim nächsten Mal gemeinsam mit meiner Frau Edeltraud ankam. Im Gegenteil: Als sie drauf kam, dass Edeltraud nicht eifersüchtig war oder es sich zumindest nicht anmerken ließ, wurde sie nur noch frecher.

Und als wir dann einmal zu dritt im Auto unterwegs waren – ich am Steuer, Edeltraud neben mir und Anna im Fond – streckte sie einen Fuß zwischen den Vordersitzen durch und bohrte sich mit ihren Zehen unter meinem Hintern so weit hinein, dass mir ganz mulmig wurde. Anna unterhielt sich dabei köstlich und setzte ihr gefährliches Spiel so lange fort, bis wir endlich am Ziel ankamen und ich von meiner „Folter" erlöst war.

Im Laufe der folgenden Wochen wich die knisternde Erotik der Vertrautheit einer Seelenverwandtschaft. Eines Tages erzählte mir Anna dann die folgende Geschichte: Angezogen vom Charisma eines berühmten Gurus begab sie sich als junges Mädchen nach Indien und schloss sich der Neo-Sannyas-Bewegung von Bhagwan Shree Rajneesh an. Sie litt in dieser Zeit unter einem heftigen Candida-Pilz, der ihr bereits alle möglichen Beschwerden verursachte.

Als sie nach einiger Zeit im Ashram mit Bhagwan (Osho) persönlich reden konnte, fragte sie dieser wegen ihrer nicht zu übersehenden Candida-Probleme: „Wofür bestrafst du dich?" Anna konnte darauf natürlich keine Antwort geben. Da sie mir aber auch einiges über ihre Kindheit erzählt hatte, lag die primäre Ursache dieser Selbstbestrafung zumindest für mich klar auf der Hand.

Ihr Vater gab ihr als kleines Mädchen keinerlei Zuwendung, auch wenn sie noch so sehr darum bettelte. Im Gegenteil: Er sperrte sie immer wieder stundenlang ganz allein in ein Zimmer ein und ging dann fort. Diese krasse Lieblosigkeit während ihrer ganzen Kindheit führte schließlich zu einer schweren Verstimmung zwischen Anna und ihrem Vater.

Genau das aber erzeugt bei jedem Kleinkind ein tiefsitzendes Schuldgefühl. Denn einerseits hasst es seinen Vater deshalb und andererseits darf es das nicht, weil es ja seit Jahrtausenden als schwere Sünde gilt. Erst als sie ihrem Vater vergeben hatte, verschwand dieses Schuldgefühl – und damit auch die Candida.

***

Wir Menschen neigen dazu, jedes Ereignis, dessen Ursachen wir nicht kennen, als „Zufall" zu bezeichnen. In Wahrheit fällt uns aber immer nur das zu, was wir beim Universum (bewusst oder unbewusst) „bestellt" haben.

Es gibt verschiedenen Möglichkeiten, so eine „Bestellung" aufzugeben. Sich etwas zu wünschen ist eine Möglichkeit, sich vor etwas zu fürchten, eine andere. Beim Schuld- und Sühneprogramm ist es immer die Angst vor der „verdienten" Strafe, die dann von Zeit zu Zeit als „Sühnepaket" geliefert wird.

Und so entsteht das Programm

- Erstens gibt es in jeder Familie (Gruppe) Werte und Glaubenssätze, aus denen (meist ungeschriebene) Regeln für das „richtige" Verhalten abgeleitet werden.

- Zweitens folgt jeder bemerkten Regelverletzung in den meisten Familien eine Strafe. Das kann Schimpfen, Schlagen oder der Entzug eines Spielzeugs, des Nachtisches, des Fernsehens oder Computer Spielens sein. Das können schlechte Noten, eine Strafarbeit, Nachsitzen, ins Eck stellen, einsperren oder andere Formen des Liebesentzugs sein, die für jedes Kind die schlimmste Strafe darstellen.

- Drittens passiert das so lange, bis im Gehirn des Kindes ein Weg mit der Aufschrift „Wenn Missetat, dann Strafe" entsteht. Werden die Regeln nur selten verletzt oder das Kind kaum bestraft, bleibt es bei diesem schmalen Weg. Meistens gibt es aber sehr viele Regelverletzungen und gleich viele Bestrafungen. Dann wird aus dem Weg eine Straße und schließlich eine Autobahn – das Programm ist etabliert.

- Viertens kommt jedes Kind früher oder später drauf, wie es der „verdienten" Strafe entgehen kann, wie z.B. durch Schummeln in der Schule oder (Not)lügen. Weil der programmierte Mensch aber sein ganzes Leben lang auf der „Wenn-Dann-Autobahn" fährt, entsteht nach jeder nicht bestraften Missetat ein weiterer Baustein für seinen „Schuldenberg".

• Das geschieht so lange, bis dieser Berg zu groß wird, mit einem Krach umkippt und eine Großbestellung beim Universum auslöst, das zuverlässig liefert: Die schon lang fällige Strafe für alle angesammelten, noch nicht „gesühnten" Missetaten! Ein plötzlicher Unfall, die (Fehl)Diagnose Krebs, eine Fehlbehandlung, der Verlust von Geld, des Jobs oder des Partners ...

All das läuft auf der Triebebene ab, und es werden natürlich keine Autobahnen in unserem Gehirn gebaut, aber andere deutlich erkennbare Veränderungen an den Synapsen (also der Hardware!), die als Konditionierung bezeichnet werden.

Der pawlow'sche Hund

Entdeckt wurde das Prinzip der Konditionierung von einem russischen Forscher namens Iwan Petrowitsch Pawlow. Pawlow hatte im Verlauf seiner, mit dem Nobelpreis ausgezeichneten, Experimente zum Zusammenhang von Speichelfluss und Verdauung beobachtet, dass bei Hunden schon die Schritte des Besitzers Speichelfluss auslösten, obwohl noch gar kein Futter in Sicht war.

Er vermutete, dass das Geräusch der Schritte, dem regelmäßig die Fütterung folgte, für die Hunde mit Fressen verbunden war. Der vorher neutrale akustische Stimulus (Schrittgeräusch) werde im Organismus des Hundes mit dem Stimulus „Futter" in Verbindung gebracht. Um diese Hypothese zu prüfen, machte er 1905 ein Experiment: Auf das Anbieten von Futter folgt Speichelfluss, auf das Ertönen eines Glockentons nicht. Wenn aber der Glockenton wiederholt in engem zeitlichem Zusammenhang mit dem Anbieten von Futter erklang, reagierten die Hunde schließlich auf den Ton allein mit Speichelfluss. Dieses Phänomen bezeichnete Pawlow als Konditionierung.

Zum Glück sind wir keine Hunde, sondern Menschen, die diesen nicht nur deshalb überlegen sind, weil wir den Kühlschrank selber aufmachen können. Für Hunde gibt es keinen Ausgang aus dem Regelkreis einer Konditionierung, für uns Menschen gleich mehrere. Und nicht nur das. Wir können sogar dafür sorgen, dass die Konditionierung „Nach Schuld folgt Sühne" erst gar nicht entsteht und damit unseren Kindern und Enkeln viel Leid ersparen, ja sogar Leben retten!

Ich habe mich drei Jahre lang intensiv mit Krebs und anderen scheinbar unheilbaren Erkrankungen beschäftigt und damit, wie die Selbstheilung

vor sich geht. Ich habe mit berühmten und erfolgreichen Krebsheilern wie Rudolf Breuß, Ju-
lius Hackethal und Ryke Geerd Hamer geredet
und gearbeitet, Fallberichte studiert und ihre
Patienten befragt. Das Ergebnis: Sie hatten alle
ein aktives Schuld- und Sühneprogramm!

Kinder, die (aus ihrer Sicht) zu wenig liebevol-
le Zuwendung erfahren, verstehen dies oft als
Ablehnung, weil sie nicht gut genug aussehen,
ein Mädchen statt des gewünschten Buben sind,
weil sie schlimm sind oder schlechte Noten nach
Hause bringen. Das gilt vor allem für Kinder,
die nur geliebt werden, wenn sie „brav" sind
oder gute Leistungen erbringen. Daraus können Schuldgefühle entstehen, die selbstbewusste Kinder aggressiv werden lassen und weniger
selbstbewusste depressiv, bis hin zum Selbst-
mord oder einer schweren Krankheit.

Typisch für solche Kinder kann eine Selbstwer-
teinbruch sein, der einen kleinen, generalisier-
ten Knochenkrebs (winzig kleine Löcher ähnlich
einer Osteoporose) auslöst. Nach Intensivierung
der (elterlichen) Zuwendung werden die kleinen
Löcher mit Hilfe einer kleinen Leukämie (mehr
weiße Blutkörperchen) vom Körper selbst repa-
riert = geheilt! Mehr darüber in meinem Buch
über die Krebsheiler und in meinem „Schutzen-
gel-Paket".

Zusammenfassung

„Wissen ist Macht" lautet ein bekanntes Sprich-wort. Doch das ist eine Halbwahrheit. Und die ist laut Michail Gorbatschow die gefährlichste Lüge. Nicht angewandtes Wissen ist nutzloser Ballast. Nur angewandtes Wissen ist Macht! Das gilt natürlich auch für das Wissen, das in diesem Buch steckt. Deshalb hier eine kurze Zusammen-fassung für die tägliche Praxis:

1. Bei Kindern, die wiederholt bestraft werden, entsteht auf der Triebebene eine fixe Verbin-dung zwischen Missetat und Strafe, die wir in diesem Buch „Schuld- und Sühneprogramm" nennen. Kinder, die nicht oder kaum bestraft wurden oder werden, sind frei davon.

2. Je früher, öfter und stärker die Bestrafun-gen erfolgt sind, desto mächtiger ist das Pro-gramm. Je später, seltener und harmloser die Strafen waren, desto schwächer ist es. Wir haben es also in der Hand, dass unsere Kin-der für immer unschuldig bleiben!

3. Sobald das Programm bei jemandem eta-bliert ist, wird jeder Gedanke, jede Emotion, jedes Wort, jede Tat und jede Unterlassung, bei der er sich schuldig fühlt, zu einem Bau-

stein für seinen (eingebildeten aber trotzdem 100 Prozent realen!) Schuldenberg.

4. Jedes Mal, wenn dieser Berg zu hoch wird, kippt er und löst automatisch (vom Verstand unbeeinflussbar) eine Selbstbestrafung aus: einen Unfall, eine Krankheit oder einen anderen Verlust. Danach ist eine Weile Ruhe bis zum nächsten Kippen des Berges.

5. Und so kann jeder seinen Schuldenberg abbauen: die Verantwortung übernehmen, den Fehler oder Irrtum zugeben, den Schaden wiedergutmachen, um Verzeihung bitten, allem und jedem verzeihen, allem und jedem danken, die eigene Lebensbilanz durch Geben und Teilen verbessern, die Selbstliebe stärken und Liebe zulassen.

6. Noch besser ist es, gleich so zu leben, dass wir immer ein gutes Gewissen haben. Das heißt z.B., dass wir mit Kritik sparsam umgehen und stattdessen reichlich Anerkennung geben, dass wir ehrlich zu anderen und uns selber sind, dass wir aufhören zu urteilen und stattdessen einfach alles „nur" wahrnehmen und dankbar sind.

7. Die Krönung ist es, durch ein Leben in Liebe, Freiheit und Frieden eine Bewusstseinsstu-

fe zu erreichen, die uns in jedem Augenblick tief in unserem Herzen offenbart, dass jeder Mensch immer sein Bestes gibt – und daher immer schon unschuldig war, ist und bleibt!

Die 9 Schlüssel zum Paradies

Nach dem Installieren des Schuld- und Sühne-programms durch wiederholte Abfolge von Missetat und Strafe wächst der Schuldenberg bei jedem Gedanken, jeder Emotion, jedem Wort, jeder Tat und jeder Unterlassung, bei der wir uns schuldig fühlen. Das gilt auch für Kritisieren, nicht verzeihen, Jammern, Verfluchen, Unzufriedenheit und Undankbarkeit, wenn wir dabei bewusst oder unbewusst ein Schuldgefühl empfinden.

Nach jedem der folgenden Aktionen (= Schlüsseln) schmilzt der Schuldenberg aber wie Eis in der Sonne dahin - und wird immer kleiner und kleiner, bis er schließlich zur Gänze im Meer der Dankbarkeit, des Verzeihens und der Liebe verschwindet.

1. Übernimm die Verantwortung!
2. Gib Fehler und Irrtümer einfach zu!
3. Mach den Schaden wieder gut!
4. Bitte um Verzeihung – auch dich selbst!
5. Verzeih allem und jedem – auch dir selbst!

6. Sei allem und jedem dankbar!
7. Verbessere deine Lebensbilanz!
8. Liebe dich – und andere wie dich selbst!
9. Bleib unschuldig!

Weil wir aber nur mit dem Herzen gut lernen, habe ich auch darüber ein Buch mit Geschichten zum Lachen, Staunen und Lernen geschrieben: **„Die 9 Schlüssel zum Paradies"**. Mehr dazu auf den letzten Seiten dieses Buchs.

Frei von Schuld

Was immer du gesagt oder getan haben magst –
du verdienst es nicht zu leiden. Dein Leid macht
keinen Hungrigen satt und heilt keinen Kran-
ken. Vergib dir selbst und nimm wieder am Leben teil, mit klarem Blick und mutigem Herzen.
Wenn du frei bist von Schuld, wird es nicht nur
dir selbst besser gehen, sondern auch denen, die
deine guten Taten und dein ehrliches Mitgefühl
brauchen.

Nicht ein einziges von Gottes Kindern ist wirklich
böse. Im Schlimmsten Fall ist es verletzt, greift
andere an und gibt ihnen die Schuld an seinem
Leid. Aber es ist nicht böse. Ja, so tief muss dein
Mitgefühl sein. Es gibt keinen Menschen, der
deiner Vergebung nicht würdig ist. Und es gibt
niemanden, der es nicht verdient, von dir geliebt
zu werden.

*Paul Ferrinis außergewöhnliches Buch „Die Wahrheit
in dir", aus dem diese beiden Weissagungen stammten,
ist mir schon viele Jahre lang ein treuer Begleiter. Sein
Christentum vereinigt sich auf einzigartige Weise mit
anderen Traditionen der Weisheit und geht weit über
Hilfe zur Selbsthilfe und Wiederherstellung des inneren
Friedens hinaus. Hier geht es um Heilung im eigentlichen
Sinne. © Aurum Verlag*

Ich danke dir …

- für deine Fragen zu den einzelnen Kapiteln, Geschichten und Botschaften, falls etwas noch nicht klar genug ist.
- für deine Anregungen, was wir bei der nächsten Auflage dieses Buches noch besser machen können.
- für deine Geschichten über eigene Erlebnisse, aus denen das Wirken des Schuld- und Sühneprogramms oder dessen Auflösung erkennbar ist.
- und für das TEILEN dieses Buches, seiner Geschichten und Botschaften mit anderen Menschen:
- Nimm es mit in die Bahn, die U-Bahn, den Bus, ins Kaffeehaus und überall dorthin, wo du warten musst.
- Mach zwei Menschen in deinem Umfeld eine Freude und schenke ihnen dieses Buch auch ganz ohne Anlass!
- Hilf mit, dass tausende Menschen sich von meinen Geschichten inspirieren lassen, die Lektionen beherzigen und so immer mehr Liebe, Freiheit und Frieden ernten!

Kary Nowak, Bestsellerautor,
Selfness-Trainer und Vereinsprofi
E-Mail: kary.nowak@bruderbaum.org

Literaturhinweise

BYRNE Rhonda: The Secret – Das Geheimnis, Arkana
CARNEGIE Dale: Wie man Freunde gewinnt, Fischer TB
CARNEGIE Dale: Sorge dich nicht – LEBE! Fischer TB
DAHLKE Rüdiger: Krankheit als Weg, Goldmann
DOSTOJEWSKI Fjodor: Schuld und Sühne, Anaconda
DUPRÉE Ulrich Emil: Ho'oponopono – Das hawaiianische Vergebungsritual, Schirner
EGLI René: Das LOL²A-Prinzip, Editions d'Olt
FERRINI Paul: Die Wahrheit in dir, Aurum
HAMER Ryke Geerd: Krebs - Krankheit der Seele, Amici di Dirk
HAY Louise: Spiegelarbeit - Heile dein Leben 21 Tagen - L.E.O.
KENAWI Samirah: Falschgeld – Die Herrschaft des Nichts über die Wirklichkeit, EWK
KIRSCHNER Josef: Die Kunst, ein Egoist zu sein, Knaur
MILLER Alice: Das Drama des begabten Kindes und die Suche nach dem wahren Selbst, Suhrkamp
MULFORD Prentice: Unfug des Lebens und des Sterbens, Fischer Taschenbuch
NOWAK Kary: Der Krebsheiler-Report (ursprünglich: Krebsheiler packen aus), Die Silberschnur
NOWAK Kary: Das IDEALprogramm – Dein Führerschein zum Glücklichsein, Besser Leben
NOWAK Kary, REICHL Michael: Die sieben Geheimnisse der Reichen, Ibera
NOWAK Kary: Die 9 Schlüssel zum Paradies, Bücher mit Herz
SCHMIDT K.O.: Die Goldene Regel – Das Gesetz der Fülle, Drei Eichen Verlag
TANIGUCHI Masaharu: Die geistige Heilkraft in uns, Lorber Verlag und Turmverlag
TEPPERWEIN Kurt: Die geistigen Gesetze, Goldmann
TELLINGER Michael: Das UBUNTU Prinzip – ein revolutionärer Plan für gerechten Wohlstand, Hesper
TOLLE Eckhart: Eine Neue Erde – Bewusstseinssprung anstelle von Selbstzerstörung, Arkana
ULMER-JANES Eva: Die Magie kehrt zurück, Ibera
WEBER Walter: Die Seele heilt den Menschen, Herbig

Filmempfehlungen

FEMALE PLEASURE – 5 Kulturen, 5 Frauen, eine Geschichte
GHOST – Nachricht von Sam
HARRY POTTER und die Kammer des Schreckens
KUNG FU PANDA

Über den Autor

Kary Nowak ist am 29. August 1943 in Wien geboren und auch dort aufgewachsen. Er hat mit seiner Frau Edeltraud drei erwachsene Kinder und lebt in Mödling, der Perle des Wienerwalds. 1978 organisierte er eine Bürgerinitiative gegen die Inbetriebnahme des Atomkraftwerks Zwentendorf und hat damit zur Atomkraft-Freiheit Österreichs beigetragen.

1981 entdeckte er seine Lust am Schreiben, gründete die Öko-Zeitschrift „Besser Leben – anders leben" und war fünf Jahre lang deren Chefredakteur, danach einige Jahre lang Chefredakteur der Zeitschrift „Natur & Gesundheit". 1984 organisierte Nowak gemeinsam mit dem Wiener Stadtgartenamt die Aktion „Baumpatenschaft" die das erste Wiener Stadtbaum-Sanierungsprogramm auslöste und zur Gründung der Umweltorganisation „Bruder Baum" führte.

Nach sechs Waldhilfemodellen organisierte er 1990 die Wassertestaktion „Nitrat im Trinkwasser" mit rund 500.000 Testvorgängen und über 2.000 Medienberichten. Dies führte zur Halbierung der gesetzlichen Grenzwerte für Nitrat im Trinkwasser und zu einer drastischen Absenkung des Kunstdüngereinsatzes in Österreich – mehr bei www.bruderbaum.org

Als überzeugter Friedensaktivist organisierte Kary Nowak 1995/96 das Neutralitätsvolksbegehren und trat bei den Bundespräsidentschaftswahlen 1998 als unabhängiger und zunächst einziger Kandidat für die Neutralität Österreichs an. Ergebnis: Der damals zwischen den Großparteien bereits fix paktierte Beitritt Österreichs zur NATO wurde fallen gelassen.

1992 verfasste der Autor sein erstes Buch, den Bestseller „Krebsheiler packen aus". 1997 folgte der Science Fiction Roman „Friedenskrieg", im Jahr 2000 die Fibel „Das IDEALprogramm – dein Führerschein zum Glücklichsein.

2007 erschien das Buch „Die sieben Geheimnisse der Reichen" und entstand das Selfness- und Kommunikationstraining „Ja, du kannst es!" sowie diverse andere Trainings und Workshops – mehr dazu bei www.karynowak.at und www.karys-storys.at

Aus dem Inhalt des Buchs
„Die 9 Schlüssel zum Paradies"

1. Adam, Eva und welche Sünde?
2. Der Schuld- und Sühne-Unfug
3. Die 9 Schlüssel zum Paradies

4. Was habe ich Ihnen getan?
5. Was mich stört, zu mir gehört
6. Nur über meine Leiche

7. Die Heilung von Brustkrebs in einer Nacht
8. Von da an ging es ständig bergauf
9. Ausred' verloss' mi nit!

10. Napoleon und sein Hofnarr
11. Die wundersame Geldvermehrung
12. Die 3 Siebe des Sokrates

13. Liebe, Liebe, Liebe, Liebe
14. Friedensreich Hundertwasser und sein Wunsch
15. Der alter Mann und der junge Prinz

erhältllich bei www.bod.de/buchshop und im Buchhandel.

Schutzengel-Paket

Eine Anleitung für mehr Liebe, Fitness und Wohlstand

Unfälle, Krankheiten und andere Verluste sind kein Schicksal, sondern haben fast immer eine dieser drei Ursachen:

1. Fehldiagnosen und deren Konsequenzen
2. Dauerhafter Mangel an Wertschätzung
3. Ein aktives Schuld- und Sühneprogramm

Du kannst diese drei Hauptursachen selbst ausschalten und dein Verlustrisiko damit um 80 bis 90 Prozent reduzieren! Wie das in Detail geht, zeigen dir die nachfolgenden Informationen.

Mehr dazu bei www.schutzengel-paket.de

100.000 Euro durch Verein

1992 versuchte die Ärztekammer, meinen ersten Bestseller **„Nie mehr Angst – Krebsheiler packen aus"** aus dem Verkehr zu ziehen – dank eines schlauen Absatzes am Anfang des Buchs aber vergeblich!

1995 machten wir dann den **tödlichen Fehler**, ohne Verein die Gründung einer Patientenkammer zu initiieren. Daraufhin klagte die Ärztekammer uns wegen unlauterem Wettbewerb! Ich dachte zunächst, das ist ein Scherz. Doch nachdem der Richter uns gleich am Beginn der Verhandlung anschnauzte, verging mir das Lachen: „Das könnt ihr nicht gewinnen. Ich rate euch dringend zu einem Vergleich!" Da eine Freundin von mir viel zu verlieren hatte, stimmte ich dem Vergleich zu, was uns insgesamt 150.000 Schilling kostete – das entspricht heute einer Kaufkraft von rund 100.000 Euro!

Damals schwor ich mir, **nie wieder als Privatperson** etwas zu sagen, zu schreiben oder zu tun, was eventuell klagbar sein könnte, sondern nur als Vorstandsmitglied eines Vereins. Denn da muss dir erst böse Absicht oder grobe Fahrlässigkeit nachtgewiesen werden, und das ist in 99 von 100 Fällen so gut wie unmöglich, wie das nachfolgende Beispiel zeigt:

2010 wurden die BIONIERE von der Finanzpolizei angezeigt, weil wir in unserem Bauernladen in Wien angeblich jemand beschäftigten, für ihn aber keine Steuern und keine Sozialversicherung bezahlten. Doch da kannte ich das österreichische Vereinsgesetz schon recht gut. Und auch im Sozialversicherungsrecht war ich schon gut zuhause. Deshalb wurde der Strafantrag von der höchsten Instanz schon nach 30 Minuten Verhandlung abgelehnt.

So profitierst du von
35 Jahren Vereinserfahrung

Inzwischen habe ich mir als Vereinsprofi viel Ärger erspart und etliche Projekte realisiert. Hier ein Beispiel: Im Rahmen der Wassertestaktion "Nitrat im Trinkwasser" hat die Umweltinitiative BRUDER BAUM weit mehr als 100.000 Euro steuerfrei eingenommen und wieder ausgegeben – und das 100 % legal! Denn Spenden sind generell steuerfrei. Und andere Einnahmen im Rahmen des Vereinszwecks sind innerhalb bestimmter Höchstgrenzen ebenfalls steuerfrei! Das Beste aber ist: Alles was ich selbst kann, das kann ich auch dir lernen! Ich zeige dir,

- ♥ wie du deine Ideen in eine rechtsgültige Form bringst,
- ♥ wie du Freunde und Partner/innen gewinnst und
- ♥ wie du Spenden bekommst und legal Steuern sparst!

Ich begleite dich und deine Freunde von der Idee über das Entwickeln der Vereinsstatuten bis hin zum erfolgreichen Start des Vereins - und auf Wunsch auch noch danach bis zu eurer Erfolgsstory!

Möchtest du einen Verein gründen?
Kennst du jemanden, der das möchte?
Dann sende mir eine E-Mail oder ruf mich einfach an.*

Kary Nowak
Tel. 0043 (0) 699 1303 3030
E-Mail: kary.nowak@bruderbaum.org

*) Das erste Gespräch ist kostenlos

Wolfgang Wieser
Bewusst leben
Dein Weg des Erkennens

Ratgeber für Lebensführung,
Bewusstseinserweiterung,
Spiritualität, persönliche Ent-
wicklung

Deutsche Erstausgabe 2017
E-Book € 9,90, Taschenbuch
€ 18,08: www.amazon.de

Hardcover €21,50 (A),
www.buechermitherz.org

206 Seiten,
Format 15,8 x 21,0 cm

ISBN 978-3-9503947-3-3

Ein liebevoll verfasstes Buch, das nichts für schwache Herzen ist. Es beginnt mit der Geschichte eines jungen Krie-
gers, der sich auf den Weg macht, um eine große Prüfung
zu bestehen. Dabei erkennt er einen Bewusstseinsbereich,
der in jedem Menschen vorhanden, aber für den denken-
den Verstand unbegreiflich ist. Im zweiten Teil des Buches
beschreibt der Autor, was uns daran hindert, diese Quellen des Lebens zu erkennen und wie wir uns ihr wieder
öffnen können.

WIR, die Bücher mit Herz – Mitglieder, sind eine Gemeinschaft von Autoren im Eigenverlag und begegnen einander stets auf Augenhöhe. Jeder bringt sich eigenverantwortlich ein, wie es seinen Talenten und Fähigkeiten entspricht.

Wir begleiten, fördern und unterstützen einander bei Öffentlichkeitsarbeit und Kommunikation, setzen gemeinsame Etappenzeile und freuen uns über unsere Erfolge.

In der Gemeinschaft erreichen wir leichter unsere Ziele und können uns so zu ungeahnten Höchstleistungen anspornen.
Das Prinzip „Miteinander & Füreinander" ist hier gelebtes Selbstverständnis.

Impressum
Bücher mit Herz Eigenverlag Gemeinschaft,
ZVR 821981366
A-2340 Mödling, Ferdinand Fleischmanngasse 5/10,
Mobil +43(0)69912400117
info@buechermitherz.org, www.buechermitherz.org

FSC

www.fsc.org

MIX

Papier aus ver-
antwortungsvollen
Quellen

Paper from
responsible sources

FSC® C105338